PALOMA CABADAS

EL TRAUMA NUCLEAR DE LA CONCIENCIA

DE LA CONCIENCIA

El sufrimiento no resuelto en
la historia evolutiva personal

Parámetro100

E D I C I O N E S

© 2015, Paloma Cabadas

© 2015, Parámetro100 Ediciones

www.parametro100.com

www.palomacabadas.com

Depósito legal: M-2672-2015

ISBN: 978-84-943597-3-6

A esta Humanidad que todavía sufre,
aunque ya podría aprender sin dolor.

Agradecimientos

*Mi gratitud al planeta Tierra
por el amor incesante que brinda
a todos los seres vivos.*

ÍNDICE

INTRODUCCIÓN   11

CAPÍTULO 1
 LOS ORÍGENES DEL TRAUMA NUCLEAR   21

CAPÍTULO 2
 TIPOS DE TRAUMA NUCLEAR   55

CAPÍTULO 3
 LA PATOLOGÍA DEL SUFRIMIENTO   85

CAPÍTULO 4
 EL DON DE LA DISOCIACIÓN   105

CAPÍTULO 5
 EL FINAL DE LA ERA DEL SUFRIMIENTO EN LA TIERRA   129

INTRODUCCIÓN

Un acontecimiento traumático es aquel que ejerce un poderoso impacto en el núcleo esencial de la conciencia. La violencia de su fuerza abre una brecha en el ser, penetrando incluso la materia; mejor dicho, precisamente porque tiene lugar en la vida material, en circunstancias que se procesan emocional y físicamente a través de un cuerpo humano, el trauma queda grabado de forma indeleble en el mundo sensible, psíquico del ser, y puede permanecer agazapado en las profundidades abisales de la conciencia durante siglos.

Un choque traumático no es, por tanto, un mero disgusto, un mal rato en la vida o un trance doloroso. A menudo, usamos el término trauma de forma ligera e inapropiada, sin tener en cuenta los efectos demoledores y permanentes que ejerce en la vida de la persona.

El TRAUMA NUCLEAR©, en el marco de la evolución de la conciencia, condensa el sufrimiento no resuelto en las vidas experimentales de un ser humano en la Tierra. Esto significa que ya nacemos con él, en un contexto sociofamiliar que va a facilitar su resurgimiento con el fin de poder sanarlo.

Volvemos a la Tierra con la prioridad de resolver el trauma nuclear. Es la primera de nuestras responsabilidades si queremos entender qué nos está pasando, por qué se repiten ciertas cosas en nuestra vida y por qué no conseguimos ser felices. Y así, ya sea por determinismo evolutivo o por elección consciente, el ser humano regresa una y otra vez al lugar donde se materializó el acontecimiento más decisivo de su vida terrenal.

El planeta Tierra es la gran escuela de la humanidad, el sanatorio del material residual acumulado en cada uno de nosotros, fruto de una evolución en el caos, la ignorancia y el desamor. Es el lugar donde venimos a aprender a amar.

Pensar en términos de trauma nuclear supone admitir o tener la suficiente apertura de entendimiento para discernir que venimos evolucionando desde lejos, que esta no es ni la primera ni probablemente la última vida que pasaremos aquí en la Tierra y que ya fuimos heridos en el pasado, en épocas en las que predominaban el oscurantismo, el sometimiento ciego y tantas penalidades como aún hoy existen, por sucesos que se mantienen rabiosamente presentes.

Si todavía siguen reproduciéndose en el planeta formas de vida dramáticas, qué no debió de ser en el pasado, cuando el promedio global de evolución era aún más bajo. Luego, si admitimos que esto es así, podemos pensar que difícilmente vamos a ser traumatizados por primera vez en la vida actual. Ya venimos traumatizados y, vida tras vida, seguimos reeditando nuestro trauma pendiente de resolución.

En cada oportunidad el escenario cambia y los personajes también, pero la esencia traumática sigue inamovible. Así, volvemos a participar en episodios que la sacan a la luz y nuevamente tenemos la impresión de que es la primer a vez.

> Es lo que tiene el olvido, que no nos deja recordar lo que todavía no estamos en condiciones de aceptar.

El proyecto EVOLUCIÓN CONSCIENTE© es un acelerador de la propia evolución y su finalidad es la de ahondar en el conocimiento personal para poder aceptar y sanar la más vieja de nuestras heridas, ya que no podemos curar lo que no conocemos ni lo que no aceptamos.

Unido a la desdicha de repetirnos en nuestro dolor, empobreciendo así la realidad afectiva, nos estamos privando de amar de verdad, pues la energía de amar no convive con el sufrimiento, y esto es lo que constituye el auténtico drama.

Se trata, en estos momentos de nuestra vida, de alquimizar los contenidos residuales provocados por la aflicción para que, en la hondura de la brecha abierta por el impacto del sufrimiento, pueda germinar la más pura y genuina energía de amar. Hoy por hoy, esa grieta profunda está llena de una sabiduría insospechada que solo el arraigo al dolor nos impide ver y recuperar.

Solamente cuando dejamos de sufrir, dejamos de generar las condiciones y de anticipar las tragedias que ya no ocurrirán nunca más.

> Mientras sufrimos no aprendemos,
> y mientras sufrimos no amamos.

Entender que el camino del sufrimiento terminará conduciendo a la especie humana a la incorporación definitiva de la energía de amar es en sí mismo curativo, si bien esto es algo que no se producirá mediante actos de redencionismo ni de salvacionismo, sino por la pura comprensión de las cosas, por el saludable y vivencial entendimiento de cómo funciona la evolución de la conciencia en el universo multidimensional.

El sufrimiento ha sido la energía taladradora que ha abierto la brecha a la energía de amar en el mundo físico. La poderosa vibración del amor necesitaba crear unas condiciones a partir de las cuales fisionar la materia y hacer que esta fuera penetrable y permeable a su influjo, de manera que, a su vez, la conciencia encarnada pudiera, llegado el momento de incorporarla evolutivamente a su esencia, disponer a voluntad de la misma a través del cuerpo humano.

> En realidad, el dolor solo es el efecto o el resultado del rompimiento cuántico de la materia, la repercusión de una vibración amorosa que necesitaba imperativamente implantarse en la Tierra.

El desconocimiento y la ignorancia de los procesos de la evolución de la conciencia han generado en el tiempo y en la historia humana lo que llamamos «sufrimiento» o vivimos como tal. Al no saber, por ejemplo, que la evolución consiste en ir dominando éticamente un número incesante e infinito de variables de energía, entre ellas la energía de amar, históricamente se produjo en la conciencia ignorante, pero sensible, una dramática resistencia hacia lo que más necesitaba: el amor que buscaba y que, sin embargo, tanto dolía alcanzar. Quién sabe si no será este el origen de lo que, torpe y ancestralmente, se ha venido relacionando en las mentes populares con la idea de «sufrir de amor»... Es lo que tiene evolucionar a ciegas.

Pero es que nunca se nos explicó tampoco qué estábamos haciendo realmente aquí ni cuál era el sentido de la evolución en este planeta. Más valía que nos hubieran dicho la verdad en lugar de tanto cuentito espiritual. A lo mejor nos habríamos abierto encantados al desafío de sostener altos niveles de voltaje energético para permitir la entrada al amor en la materia, porque AMAR merece la pena. De la otra forma, sin embargo, la humanidad ha padecido el voltaje y lo ha sufrido sin sentido y en la confusión, con el convencimiento de que la vida es irremediablemente un «valle de lágrimas».

Conviene, no obstante, plantearse que tal vez en el pasado remoto tampoco se sabía toda la verdad, entre otras cosas porque la verdad también evoluciona y se sigue recreando en la eternidad. Precisamente, una idea equivocada que todavía arrastramos hoy es la de atribuir a las doctrinas y conocimientos crípticos del pasado el voto de autenticidad, lo que frena la indagación y el descubrimiento de la verdad.

Hemos de admitir que el sufrimiento ha sido una consecuencia y nunca un objetivo. Sin embargo, el ser humano pronto descubrió el poder que los efectos demoledores del choque traumático y el consecuente sometimiento de las voluntades le otorgaban sobre sus semejantes.

El sufrimiento se convirtió, así, en una variable definitiva en el planeta y en el principal instrumento de opresión de la historia del hombre, quien lo ha venido ejerciendo con tan exquisita sofisticación que no ha sido fácil salir del ámbito de su poderosa influencia. La energía que, inexorablemente, iba encarnando la fuerza de penetración en la materia de las vibraciones más sutiles acabó convirtiéndose, también, en el gran impedimento, pues, si sufres, no amas.

El lado perverso del sentir se convirtió, en este mundo dual, en la polaridad de la energía de amar.

El sufrimiento crea una burbuja disociativa que deja al individuo suspendido en el tiempo, ausente de la evolución, y que impide el pensamiento claro y la acción resolutiva. Nos desconecta de la realidad operativa: mientras sufrimos, no estamos en el tiempo real, sino en un tiempo virtual de recreación del impacto y de parálisis de la acción.

Por eso, el sufrimiento sostenido en el tiempo también ha terminado convirtiéndose en la mayor causa de egoísmo, al encarcelar a la persona en sí misma, junto con la llave de salida.

Ha llegado el momento de entender que hay que darle un nuevo aprovechamiento a la energía del estrés, y utilizarla para producir transformaciones, para impulsar cambios y no tanto para sufrir.

Si empleamos la energía vital disponible que hemos llamado «estrés» para cambiar aquello que necesita ser cambiado en la vida, eliminando la resistencia a avanzar en la dirección correcta, materializaremos el cambio, nos ahorraremos el dolor y estaremos más cerca de la energía de amar.

Imaginemos por un momento que el árbol se resistiera a dar el paso de la yema a la flor o al fruto, que la encía se resistiera a dejar que creciera el diente, que la célula se resistiera a regenerarse después de una quemadura, que la madre frenara el parto del nuevo ser... Todo ese protocolo de sensaciones que vivimos en el cuerpo y denominamos «estrés», «nerviosismo», «tensión», «dolor», solo es la señal de que hay energía disponible en el sistema para acometer una acción, tomar una decisión, producir un cambio. Se trata únicamente de procesos energéticos.

Sin duda es este un cambio sustancial del enfoque, el uso y la dirección de la propia energía: ver en lo que seguimos llamando «sufrir» un indicador de que hay vitalidad disponible para mover ficha, impulsar un movimiento y no paralizar la acción.

El sufrimiento es una energía con una gran capacidad de transformación de la materia; no es un estado natural de la conciencia, no es una forma de vida, no es un destino.

Entendamos que el dolor se produce por la resistencia al cambio, a producir los cambios necesarios en la vida, y que la permanencia en el dolor termina arraigando en un padecimiento moral del estado de ánimo, en torno al cual se crean hábitos de vida que se hacen crónicos y que no nos dejan ser felices, no nos dejan amar.

La persona se acostumbra a ver la realidad bajo ese velo de empobrecimiento afectivo que debilita sus posibilidades de resurgimiento, con la consecuente acomodación a una vida de quejas, lamentos, victimismos, mala suerte y demás.

Se trata de transformar la inutilidad del sufrimiento en una utilidad consciente de la energía vital del estrés; en una acción deliberada y sostenida en el tiempo que termine materializando los mejores intereses de la persona. Se trata, a partir de ahora, de iniciar un proceso decisivo de transformación de la energía que, en vez de derivar en sufrimiento, como antes, conduzca a la incorporación de la energía de amar.

> Regeneración del sufrimiento en amor, así de simple.

Este es el auténtico reciclado de energía. Si ya entendemos que podemos transformar nuestros residuos y estamos ecológicamente colaborando en ello, ¿por qué no plantearnos el reciclaje definitivo de nuestro sufrimiento ancestral?

El trauma nuclear concentra el grueso de ese lastre residual; por eso, resolverlo es el paso definitivo si queremos iniciar la nueva etapa de vida lúcida y protagonizar el cambio de conciencia singular y planetario en las próximas décadas.
Los invito a caminar en esa dirección.

1. LOS ORÍGENES DEL TRAUMA NUCLEAR

Dentro del proyecto evolutivo que requería vincular el planeta al universo multidimensional, muchos de nosotros estuvimos viniendo repetidas veces para participar en la penetración y el anclaje de energías sutiles en la Tierra.

La tarea de acercamiento de vibraciones cósmicas dispares e incompatibles, por aquel entonces, con la densidad de la materia llevó eternidades. Fue un trabajo intenso y especializado, conducido por equipos hermanados de conciencias cósmicas que estuvieron cooperando estrechamente durante aquellas etapas primigenias, todavía muy distantes de la aparición del ser humano. Se trataba de permear la materia, de fecundar la densidad, hasta conseguir sentar las bases suficientes para que germinara el sinfín de polaridades energéticas que constituyen la peculiaridad de la vida en la Tierra.

Esta labor de amorosa fertilización iba a permitir que, una vez iniciada la vida terrestre, a lo largo de milenios de tiempo y gracias a la estrategia de las vidas humanas y los cuerpos físicos, se activaran esas vibraciones cósmicas en la materia. El cuerpo físico iba a ser, independientemente del grado de conciencia que el individuo tuviera al respecto, un instrumento de filtración y anclaje de la energía de amar en el planeta.

Este fabuloso procedimiento evolutivo culminaría con la integración de una grandiosa diversidad de variables de sabiduría en el universo interior de cada una de las conciencias que hubiera elegido evolucionar a través del «programa Humanidad».

No perdamos de vista que integrar en la Tierra polaridades como son materia y espíritu, vida y muerte, masculino y femenino, por ejemplo, supone un salto evolutivo de consecuencias inimaginables en nuestra andadura cósmica.

Para que la interacción con la recién estrenada humanidad fuera efectiva y produjera el progreso de todos, así como la adquisición del conocimiento integrado de esencias que enriquecerían el Universo, se requirió que nos implicáramos plenamente en la densidad y nos adentráramos en la oscuridad de la materia para recuperar nuestros tesoros escondidos.
Y todavía estamos en esa fase.

El choque energético que supuso penetrar en la materia para arraigar la poderosísima vibración de amar, y sostener y manejar esa intensidad vibracional en la masa, se vivió y se vive con una fuerza que hemos dado en llamar «dolor», «estrés», «tensión». Fue el tremendo impacto de apertura vital en la fuerza densa lo que se ha interpretado como energía de sufrimiento. Esta puede penetrar la materia hasta hacerla reaccionar bioquímicamente y volverla maleable y permeable a las transformaciones más sutiles.

Durante milenios estuvimos viniendo una y otra vez a este planeta, experimentando los saberes adquiridos en otros lugares del cosmos para hacerlos realidad aquí.

Éramos más sabios que los habitantes autóctonos y nos gustaba este sitio donde podíamos jugar, encarnados en cuerpos humanos, con el tiempo, la dualidad y la energía emocional, tan envolvente y pasional que permitía ser permeable hasta la médula a un sinfín de sensaciones antes jamás sentidas e imposibles de replicar en otros mundos.

La Tierra terminaba siendo adictiva, intensa; nos arrastraba hasta extremos infinitos con la posibilidad de llevar a cabo nuevas valías, de poner a prueba los talentos y de arriesgarnos a nuevas expresiones del ser en un cuerpo de materia que, si bien tenía grandes limitaciones, también permitía sentir y disfrutar de millones de vivencias; sabíamos, además, que era perecedero y descartable, y que se podía renovar en cada vida. Aquí podíamos jugar a experimentar las nuevas formas de integración de la vida.

> En aquel entonces aún disfrutábamos de la memoria continua; jugábamos a venir a la Tierra como parte de nuestro entrenamiento y evolución, poniendo a prueba lo que hasta entonces pensábamos que éramos.

Por otro lado, no teníamos plena consciencia de las leyes de causa y efecto, ni de los mecanismos de retorno de consecuencias en la materia. Tampoco estábamos totalmente compenetrados con los primates humanos, los cuales vivían en un mundo paralelo; no había mucha interacción con ellos porque eran parte de nuestro tablero de juego.

El afán de experimentar los novedosos extremos de la dualidad se nos pudo ir de las manos y muchos terminamos cayendo en los excesos, en la soberbia, en la superioridad del poder y del conocimiento. El saldo de nuestras acciones comenzó a pasar factura a una mayoría; los compromisos adquiridos exigieron nuevos grados de responsabilidad; la presión de la evolución tal vez nos pidió que entráramos a jugar de verdad, que nos implicáramos del todo, para poder llevarnos el premio final.

Jugando se inicia el juego y cada uno es responsable de cómo elige jugar; en función de dicha elección, el jugador pasa, o no, a un nivel superior.

> Empezar a jugar a fondo nos obligó a negociar con nosotros mismos. Puede que el precio de esa negociación fuera perder la memoria continua y promediarnos así con una humanidad incipiente que no tenía vida anterior, ni ninguna otra procedencia, ni compromiso que recordar.

De este modo, pasamos a jugar a ciegas, a demostrarnos a nosotros mismos la veracidad de nuestras intenciones, nuestra valía y la autenticidad de lo que habíamos venido a conseguir. Y fue probablemente a partir de aquella vida que se originó el trauma nuclear y que caímos en el olvido, quedando vulnerables y separados de nosotros mismos. ¿Por codicia? ¿Arrogancia y dogmatismo? ¿Sensualidad extrema? ¿Por no habernos sabido preservar lo suficiente?

Cada uno tiene ahora la oportunidad de ir descubriendo su porqué, pero es posible que fuera entonces cuando quedamos librados, de una u otra forma, a nuestra suerte. ¿Fue este suceso, esta decisión evolutiva, lo que daría origen, en el tiempo de las creencias, a la idea del «pecado original»?

Lo cierto es que la esencia del trauma nuclear condensa el aprendizaje que cada cual decidió experimentar para conseguir su trofeo. Es la gran lección que cada uno de nosotros tomó o fue determinada por el balance de sus acciones.

Fue la negociación asumida entonces la que culminará en la enseñanza que nos llevaremos de la Tierra y de la que la adquisición en singular de la energía de amar es la recompensa final.

AQUELLA VIDA

Aquella vida marcó el antes y el después en nuestra forma de experimentar la realidad humana, aunque no me atrevería a decir que antes fue mejor y luego, peor. Yo creo que la diferencia tiene que ver con el nivel de compromiso y de implicación en la asimilación y aprehensión de la experiencia: no es lo mismo mirar el toro desde la barrera que torear; no es lo mismo teorizar que pasar a la práctica; y no es lo mismo jugar con cartas marcadas que jugar a ciegas. Hubo que elegir, cada cual según sus circunstancias, pero todos vinculados por el afán de seguir evolucionando.

Por aquel entonces, la humanidad ya avanzaba sin retorno por la vía del sufrimiento como medio de experimentación, luego, sabíamos que nos arriesgábamos mucho y el precio para no volverse atrás era el OLVIDO.

Decidimos que era el momento de impregnarse del programa Humanidad para extraer de él todo el impulso evolutivo que proporcionaba. Veníamos a hacer realidad un plan singular, a ganar nuevas maestrías para el acervo propio; queríamos afinar en áreas de experiencia que solo el paso por la Tierra podía aportarnos y que estaban relacionadas con la vivencia y la concreción de la energía de amar en uno mismo.

Y decidimos asumir todos los riesgos para alcanzar el fin. El trauma nuclear fue la consecuencia, nunca el objetivo, de semejante hazaña evolutiva.

La Tierra es el lugar donde se hacen realidad nuestros supuestos.

Muchos se lanzaron de cabeza a la experiencia, mientras que otros siguieron adelante porque ya no tenían más remedio. El precio era altísimo: perder la conexión con uno mismo y con la procedencia durante el tiempo humano; arriesgarse a no retornar a la unión en el periodo post mórtem, en función de las consecuencias de las acciones terrenales; avanzar a ciegas cuando ya se ha visto la luz; sacar lo mejor de uno en condiciones extremas; experimentar el dolor y la necesidad sin saber lo que viene después, sin tener la certeza de que se alcanzará la gloria.

> Y así, nos encaminamos, siguiendo la inercia de nuestras tendencias, hacia el acontecimiento traumático que nos revelaría en la máxima vulnerabilidad y en la máxima grandeza.

Desde ese entonces, el ahínco extremo por trascender esa experiencia iría forjando nuestra valía, tallando indeleblemente nuestro desarrollo como conciencias. Al elevarnos, una y otra vez, por encima de la máxima dificultad, emergerían los valores intrínsecos fundidos con la nueva enseñanza que nos habíamos propuesto y que estábamos adquiriendo. ¡Toda una hazaña!

Para muchos, asumir el compromiso con el lado traumático de la vida humana supuso la pérdida de la ingenuidad; para otros, la ocasión de librarse a pasiones extremas; y para algunos más, una forma de experimentar sensaciones y vivencias que en modo alguno podrían obtenerse en otros lugares del Universo. Pero para todos está siendo la lección magistral que aprobaremos con matrícula de honor, con el galardón que solo se consigue gracias al paso por este planeta, la Tierra.

Y todo ocurrió en una vida, sin previo aviso. Seguramente nos cogió por sorpresa. Nos humillaron, desterraron, abandonaron o maltrataron; matamos, traicionamos, lideramos alguna situación catastrófica o dictamos órdenes mortales; tuvimos un accidente fatal o morimos de tal o cual forma. Tan variado pudo ser el suceso, y tan traumático, que todavía nos estamos recuperando del mismo.

A partir de aquella vida en que la conciencia
del sufrimiento se instaló a raíz del trauma nuclear,
entramos en la sima del olvido.

Y la salida a la superficie, que solo consiste en evolucionar conscientemente para integrar el conocimiento de nuestras acciones, está marcando la singularidad de cada uno de nosotros a la hora de superar las propias pruebas. Muchos resolvieron pronto, asimilaron rápidamente la experiencia implícita para conseguir su trofeo y no necesitaron muchas vueltas de tuerca. A otros nos está llevando más tiempo.

Las vidas sucesivas a partir de aquel suceso son una reiteración del trauma, con variantes, intensidades y escenarios distintos, con la finalidad de poner sobre el tapete, en cada ocasión, la evidencia de lo pendiente y poder por fin resolverlo.

Por eso es imposible volver a traumatizarse, ya venimos así; lo que hacemos es reeditar el viejo dolor y los viejos miedos.

Desde esta premisa, cualquier evento de la vida afectiva,
profesional o económica puede activar la causa que hunde
sus raíces en el pasado y desencadenar en el presente
unos efectos que nunca guardan relación aparente
y que no se pueden entender...
¿Qué he hecho yo para merecer esto?

Al no tener el recuerdo directo de la vivencia original, porque sería olorosamente insoportable y abortaría las acciones sinceras para resolver, todo se vive como si fuera la primera vez, aunque a menudo emerja la intuición de que algo no encaja, no casa, de que no hay proporción con los sucesos ni se justifica tanto pesar.

El trauma nuclear ejerce su propia resistencia y no deja que
se desintegre tan fácilmente el patrón de victimismo
detrás del cual se refugia el ser, como desahuciado de
la vida y del devenir, separado de su esencia,
de la valoración de sí mismo y del amor verdadero.

Y así, terminamos encallando en nuestro camino evolutivo.

El poder adictivo del sufrimiento dará lugar a variopintas reediciones del drama, con consecuencias nuevas y efectos añadidos, como si por alguna extraña razón siempre resultara más fácil abrazar el odio que dejarlo atrás.

El sumatorio de eventos a lo largo de ese trayecto experiencial abonará el caldo de cultivo de una sabiduría singular y única para la conciencia, confirmando, entre otras cosas, que una de las grandes fuerzas del ser humano ha sido la intuición de su propia flaqueza.

> El dolor es la tapadera de la sabiduría: cuanto más duele la vida, más resistencia hay a descubrir la propia grandeza.

Vemos, por tanto, que el sufrimiento se instala por no haber sabido extraer el conocimiento directo de la experiencia vivida. El sufrimiento es la cristalización de una vibración que venía a traer nuevos datos, una transformación vital, el conocimiento que no obtendríamos de ninguna otra manera, pero que no dejamos que culmine. Por eso, se encapsula en forma de dolor.

La potente vibración que se requiere para que la nueva experiencia penetre directamente a través del cuerpo y llegue de ese modo a la conciencia es, todavía hoy, más poderosa que el efecto que pretende conseguir. Retiene y paraliza en el tiempo la adquisición del conocimiento que se busca.

> Seríamos más sabios si no sufriéramos tanto.

Es tiempo de valorar el sufrimiento como la otra cara de la energía de amar, y de romper el cascarón ya desgastado e innecesario que cubre el saber adquirido en la vida material, porque necesitamos disfrutarlo de una vez.

Es tiempo, como iremos viendo, de encarar la adquisición de experiencias directamente desde el amor, aprendiendo a manejar esta vibración creadora sin la dualidad del sentir perverso.

El sufrimiento es la factura que pagamos por no saber amar.

MOVIMIENTO DEL
TRAUMA NUCLEAR EN EL TIEMPO

La dinámica del trauma nuclear en las vidas humanas va pasando por diferentes etapas en las que la constante es la repetición del sello traumático. Lo que se va transformando en la línea del tiempo, y gracias a entornos humanos cambiantes, es el grado de sanación de la EMOCIÓN DOMINANTE del trauma nuclear, de manera que la conciencia pueda madurar.

El componente emocional distintivo que caracterizó el trauma continúa emergiendo y configurando nuevos episodios con ese denominador común, además de las circunstancias añadidas en cada vida por no haber terminado de sanarlo.

> Los acontecimientos emocionales no resueltos se conservan en memorias de energía después de la muerte humana.

Cuando la conciencia renace, imprime esas memorias que guardaba en el cuerpo energético en el cuerpo humano y, muy menudo, estas se activan ya desde el nacimiento: por ejemplo, un bebé puede experimentar el abandono de la madre, bien porque esta muere en el parto, bien porque lo deja en adopción.

Las memorias energéticas continúan haciéndose más y más evidentes en la vida cotidiana, convocando y atrayendo situaciones y personajes implicados en la recreación de la historia personal de cada uno. Es como un enorme mosaico en el que las piezas van encajando perfectamente.

31

La singularidad que cada uno es renace en la Tierra en un entorno familiar y social salpicado con la información olvidada, donde los demás reflejan, como un gran caleidoscopio, las circunstancias propias.

> Desde esta perspectiva, lo que se llama «destino» no es sino el aprendizaje forzoso a través de los otros que entran en nuestra vida.

Cada historia personal encuentra su punto de anclaje en otra, de un modo que escapa a la lógica y a la razón, pero que, sin embargo, a ojos de quien es capaz de observar con desapego y perspectiva, participa de ambas.

> La familia se convierte, así, en una estrategia perfecta, ya que reúne a un gran número de componentes en quienes podemos ver reflejada, como en un espejo, nuestra propia problemática. La escuela, la profesión y las situaciones de la vida se ponen a nuestra disposición, con todas las pistas, para actualizar y sanar el trauma nuclear.

Por ejemplo, si la circunstancia decisiva que marcó emocionalmente el trauma en el pasado fue la traición, el individuo vivirá episodios sucesivos donde la traición estará presente en diversos personajes que activarán el perfil energético de su trauma. Lo que no significa que en cada ocasión se den cita necesariamente los mismos implicados: si en una vida, dicho perfil lo sustenta la madre, por ejemplo, ello no quiere decir que esa misma mujer haya sido su madre en todas sus vidas anteriores.

Lo importante es saber que nos vamos reencontrando en el camino evolutivo, que los roles entre nosotros cambian, se alternan, y que así nos damos la oportunidad de reconciliarnos y de reconocernos en nuevas facetas de nosotros mismos.

Cuanto mayor es el grado pendiente de resolución del trauma nuclear, mayor es el número de personajes convocados por el entorno en esa vida para forzar la actualización del drama dominante. El llamado «destino» actuará irremediablemente, sin dejar mucho margen al libre albedrío.

El determinismo evolutivo es la polaridad opuesta al libre albedrío.

Si bien tenemos la posibilidad de elegir nuestra vida y nuestras relaciones, la vuelta a la Tierra es siempre un retorno al pasado; el determinismo o destino solo actúa como recordatorio de lo que está por resolver y queremos esquivar. Mientras no resolvemos, existe un predominio del pasado en la vida y en las relaciones.

Si venimos muy presionados para solucionar, el margen de actuación para liberarse de esa presión será mínimo; pero, a cambio, la oportunidad será grande. De ahí que veamos a nuestro alrededor tantas situaciones críticas que no dejan escapatoria a la persona: apenas ha salido de un conflicto que ya está metida en el siguiente. Pareciera que no la acompaña la suerte, que la vida no le da respiro; sin embargo, nada es lo que parece.

> El destino reúne la máxima concentración de adversidad
> cuya resolución nos hará libres.

Si queremos ser sinceros con nosotros mismos, no sigamos viendo la vida desde el prisma de las injusticias en el mundo, la desigualdad social, la buena o la mala suerte.

A un nivel primario, cabe todavía contemplar la existencia desde este enfoque, aportando incluso argumentos justificadísimos a las circunstancias sociopolíticas, económicas, afectivas, propias o ajenas de tal cultura, etnia o país. Pero, si lo que pretendemos es ampliar el entendimiento, buscando respuestas y soluciones desde la perspectiva de la evolución de la conciencia, nos daremos cuenta de que no hay excusas ni donde apelar.

Somos los únicos responsables de lo que hacemos y de lo que dejamos de hacer, de lo que ponemos en marcha hoy y de las consecuencias que heredamos de nuestro pasado.

> La conciencia se hereda a sí misma,
> no es un producto genético o cultural.

Qué fácil es echarle la culpa a los padres, al gobierno, a la economía, a las dictaduras de tal o cual país, a los cataclismos, a la mala salud; y qué difícil, empezar a mirar hacia dentro y buscar en uno mismo la raíz de lo que nos acontece.

Como bien sabemos, la culpa no sirve para nada. Es un invento inculcado, judeocristiano, que distorsiona la idea de la responsabilidad, desviándola de los fines y criterios sensatos que permiten determinar lo que es y no es de la propia competencia.

La culpa es el peor disfraz para el mejor sentido de la responsabilidad.

La culpa se mantiene porque la persona se queda en el pasado, en situaciones que ya no tienen solución y por las que vive mortificada. Provoca estados de evocación recurrentes del viejo episodio, o de sucesos similares, que la inmovilizan y no dejan que actualice su vida. Encarcela a la persona mentalmente y la paraliza mediante un juicio duro hacia sí misma y el miedo a ser recriminada por figuras de autoridad familiar, social o moral. Y al final ocurre que termina siendo culpada y manipulada por su entorno.

Observen que los viejos temores no resueltos siempre están apuntalando las culpas.

> Cuando la dificultad que hay que encarar en una vida es grande, el compromiso de resolución que uno trae también lo es.

Y todos venimos provistos para resolver la parte que nos toca, con un equipamiento proporcional a las cargas acumuladas. En este sentido, el libre albedrío no es hacer lo que a uno le dé da la gana, sino que responde, más bien, al hecho de cumplir con lo que se ha venido a hacer y de no escaparle a la vida.

> El libre albedrío, en la fase consciente de resolución del trauma nuclear, responde al cumplimiento del destino para la conquista de la libertad.

Si nos vemos impelidos a prestar algún tipo de ayuda a gente necesitada, ayudemos a esas personas a ver con más claridad, propongamos soluciones a su problemática, despertemos su entusiasmo por querer resolver definitivamente sus asuntos, brindemos una educación que ayude a elaborar inteligentemente lo que les sucede.

Otro tipo de ayudas, por muy humanitarias que parezcan, solo siguen alimentando o paliando los traumas, y desplazándolos en el tiempo.

La supervivencia a determinados tipos de vida también es adictiva.

> La pobreza es una trampa para la conciencia que no quiere dejar de sufrir. Lo que sigue anclando la miseria, la pobreza y la ignorancia en el planeta es la energía del sufrimiento.

Todo aquello que no se resuelve de veras vuelve a aparecer en esta vida o en la siguiente. Ahora estamos encarando lo que no resolvimos con anterioridad. El tiempo es una variable que ayuda a la constante transformación de las cosas; volver al tiempo permite renovar las oportunidades.

Cuanto más se mueve una persona en su vida, más oportunidades genera de encuentros con el pasado. Vivir en el extranjero, hablar otros idiomas, viajar, cambiar de trabajo y de pareja o ejercer profesiones en las que hay que relacionarse mucho son ocasiones que propician que afloren más fácilmente capas del trauma nuclear.

Del mismo modo, experiencias impactantes, accidentes, enfermedades graves o crónicas, deficiencias físicas o psíquicas, circunstancias de vida extrañas o poco usuales, hacen también referencia a fases del viejo trauma que se está ventilando. Evolucionamos en la Tierra en un cuerpo físico que nos sirve de mucho y que, entre otras utilidades, actúa como un soporte que drena contenidos emocionales.

> Aunque no seamos conscientes de ello, a través de una larga y penosa enfermedad, una depresión, una vida en tiempos de guerra o un servicio a los demás, se puede estar purgando mucha toxicidad emocional del pasado, saldando cuentas con unos y otros, y liberando así capas de residuos energéticos, lo que nos ahorrará futuras vidas destinadas a ese mismo fin. Un cuerpo humano muy somatizador también indica que la persona ha venido a soltar mucha carga.

Todo tiene un propósito evolutivo, lo sepamos o no; y nada es gratuito ni por casualidad. Recordemos que volvemos a la Tierra con el objetivo primordial de sanar el drama, luego, todo se orquesta para ese fin.

Es una pena que el último en enterarse sea uno mismo, y que el provecho consciente que se extrae de cada vida física sea mínimo.

Por eso se viene tantas veces.

La evolución de la conciencia no forma parte, aún, de nuestros programas de educación ni de los aspectos prioritarios de la vida; por ello, al final, un periodo humano da para poco.

Si además descontamos el tiempo que se va en la infancia, primera juventud y vejez, que solo sirve para una adaptación del cuerpo físico a esas fases de la vida, lo que nos queda es un tramo muy corto donde, por otro lado, nos vamos a ver sometidos a numerosas exigencias y distracciones, fruto de las demandas socioculturales, económicas, familiares, etc.

Y así, entre miedos, disgustos y poca cosa más, resulta que se acaba el plazo y la persona se ve con un pie en el cementerio sin haberse enterado de nada. Otra vida perdida donde no se hizo espacio para lo prioritario. Y es que la evolución consciente hay que proponérsela, es el mayor desafío de la conciencia lúcida.

Recordemos que la muerte no arregla nada, sino que, simplemente, pone punto y final a la experiencia humana a partir del descarte del cuerpo físico. Todo lo que quedó por hacer se lleva de vuelta a la realidad multidimensional, a un espacio de conciencia donde ya no se dan las condiciones para resolver.

Si, con un poco de suerte, pasamos por una MUERTE LÚCIDA©, podremos recuperar nuestro estatus evolutivo, hacer balance y recapitulación, y seguir evolucionando; en caso contrario, se nos viene encima un tiempo de estancamiento post mórtem, donde las posibilidades son nulas y, a veces, incluso peores que en la Tierra.

Así que es tiempo de valorar la vida humana y de impulsar la evolución personal desde hoy mismo.

En la actualidad, muchas personas coquetean con un material de información disponible que hace referencia a las vidas pasadas, al karma, a la terapia regresiva, etc. Todo esto puede resultar útil hasta cierto punto, pero, en términos de resolución del trauma nuclear, los resultados son bastante infructuosos.

Una regresión puede ahuecar una memoria del pasado y justificar algunos hechos en el presente, pero eso no significa que se esté sanando el trauma. Mucha gente termina confundiendo un acontecimiento trágico con el trauma nuclear, y cree que basta con recuperar ese recuerdo para explicar y resolver la cuestión; de ese modo, sigue sin identificar la raíz y la acción del trauma en el presente, ni el perfil emocional que generó la línea de sucesos que hay que sanar.

Muy a menudo, el trauma nuclear no está directamente relacionado con el evento regresivo que se activa, el cual puede ser uno más de tantos episodios desafortunados experimentados en otras vidas. Con el añadido de que no siempre es positivo ni deseable traer esa información, ya que suele acarrear más problemas que soluciones, al fragilizar a la persona, dejándola sin herramientas para convivir con ese recuerdo.

En otros muchos casos, he sido testigo de cómo el sujeto comparte anecdóticamente los episodios de sus vidas pasadas, activados en terapias y tratamientos de moda, pero sin haber obtenido un provecho real en su vida y con un trasfondo de duda y sospecha acerca de todo ello.

> Una actualización consciente del pasado debe plasmarse
> necesariamente en una vida nueva. Y la evidencia de
> ese cambio es que viene liderado por el corazón.

Ya no es tiempo de quedarse en un mero conocimiento intelectual de las cosas a través de lecturas, filosofías o simple curiosidad por los llamados «temas espirituales»; como tampoco es tiempo ya de quedarse absorto en meditaciones interminables o en la búsqueda de sensaciones intensas y reveladoras, maestros y lugares de poder.

Quiero insistir en que ya se ha agotado el tiempo de todo eso y en que hay que pasar a la acción. Me refiero a dar el paso más difícil, es decir, la materialización de un cambio de vida acorde al conocimiento que cada uno ha atesorado por sus propios medios. Todos los caminos han sido válidos si han conducido a la persona a las puertas del cambio, pero esta debe ahora concretar su propia transformación. Este paso significa la activación de la energía de amar, este paso se da desde el amor.

> Lo que hasta este momento ha sido una búsqueda
> y nos ha tenido inmersos en la acción mental y en la
> interpretación de los hechos, debe ahora concretarse
> en un cambio de vida, gracias al conocimiento recuperado
> en el camino. Este paso concierne a la energía de amar
> y a la nueva vida lúcida en la Tierra.

Ha llegado el momento de pasar a la acción, y la condición es la resolución del trauma nuclear. Mientras no tomemos conciencia del suceso emocional o del sello traumático que quedó grabado en su momento en las memorias energéticas, no habrá resolución, ni regeneración vibracional; por tanto, tampoco terminará de producirse la sanación definitiva, la cual viene dada por el cambio del patrón energético adquirido en el pasado.

Al transformase la vibración emocional que ha estado condicionando el estilo de vida de la persona hasta hoy, se disuelve el escenario donde se reproducían las viejas tendencias, y empieza una nueva era de vida humana para esa conciencia, confirmándose la máxima que asegura que «cuando uno cambia, todo cambia». Cuando se deja de sufrir, dejan de convocarse situaciones de sufrimiento y deja de vivirse en esa especie de anticipación de la tragedia.

FASES DE EVOLUCIÓN DEL TRAUMA NUCLEAR

El trauma nuclear evoluciona en el tiempo atravesando unas fases que han podido y pueden ocupar vidas enteras. Sin embargo, dado el momento de aceleración masiva que actualmente protagoniza la humanidad, estas fases pueden agilizarse y reproducirse en una sola vida, con el fin de sacarles el máximo provecho. La única condición es la de ser plenamente conscientes y lúcidos. Pongamos un ejemplo. Pensemos en un hombre con una deficiente valoración de sí mismo, pero de la que no es plenamente consciente porque está bien compensada por unas grandes cualidades: es valiente, íntegro y se ha labrado un buen porvenir. Sin embargo, su fragilidad emocional es grande, es susceptible al rechazo y, pese a que hace grandes esfuerzos por estar a la altura, exigiéndose muchísimo, el fantasma de la exclusión y de la no aceptación por parte de los demás planea por su vida. Esto se ha visto traducido en una infructuosa vida afectiva y en una actitud de lobo solitario a la que se ha acostumbrado a su pesar y de la que hace gala en su medio social, como si fuera un rasgo peculiar de su persona.

En general, podría pensarse que alguien así no tiene mayores problemas, pero, como siempre, la procesión va por dentro. Pongamos que un día, por la razón que sea, espontánea o provocada, se percibe en la época del Renacimiento, reviviendo con lujo de detalles y sensaciones todo lo referente a su actuación en un momento de la historia de la humanidad en que se estaba reformulando la visión astrofísica que se tenía del Universo. Resulta así que, en aquella vida, este hombre participó con sus investigaciones en lo que culminaría en el cambio paradigmático que posteriormente lideraría Galileo.

No obstante, sus aportaciones cosmológicas fueron, por motivos políticos y coyunturales, o por rivalidad competitiva, rechazados por el grupo de investigación, quedando él mismo excluido del equipo, sin poder publicar ni utilizar sus valiosos resultados, y teniendo que ver cómo, con en el tiempo, sus propios hallazgos eran atribuidos a otros.

Un suceso de vida como este, que somete a la persona al repudio social de sus saberes, al expolio de su conocimiento y a la desestimación de sus aportaciones como individuo, marca emocionalmente al ser con el estigma del rechazo en sus siguientes apariciones humanas.

Veamos a continuación las principales fases de evolución del trauma nuclear, con el fin de identificar más fácilmente en cuál nos encontramos (teniendo en cuenta que no ocurren en este orden correlativo y que, como he dicho anteriormente, en una vida pueden reproducirse todas las fases en distintos periodos y con distintas personas):

- purga.
- sensibilización.
- acomodación.
- autoaplicación.

FASE DE PURGA

Esta fase es, tal vez, una de las más difíciles de sostener y de entender, porque se corresponde con un tiempo de devolución, de restitución de lo que fue vivido de manera excesiva hacia uno mismo y hacia los demás.

Son vidas o etapas de vida de máxima restricción, donde la acción personal se ve muy limitada, como si la persona no pudiera hacer otra cosa que experimentar esa situación sin escapatoria, por muchos medios que ponga para salir de la misma.

La dificultad añadida viene dada porque no se entiende lo que está sucediendo y se achaca al entorno, a la injusticia de la vida o a la mala suerte, cuando, de hecho, la presente realidad es solo la forma de saldar y reorganizar el pasado dentro de unos parámetros de vida muy limitantes, pero necesarios.

El fin último de esta fase es impedir que cometamos nuevamente los mismos errores, perjudicándonos aún más con ello, o que nos impliquemos en líneas de actuación repetitivas que ya están ultrapasadas en nuestra carrera evolutiva.

Pongamos algunos ejemplos como apuntes para la reflexión, procurando evitar entrar en generalizaciones o simplificaciones de las cosas. Los temas de la conciencia son muy complejos, no hay dos iguales, y no puede, por tanto, caerse en comparaciones y juicios moralistas.

En esta fase se dan:

- Situaciones donde la persona no puede ejercer su poder, a pesar de tener condiciones para ello, quedando «relegada» al control de un entorno puramente doméstico.

- Situaciones de discapacidad física o mental que inhabilitan a la persona para determinadas tareas o que limitan de forma muy evidente ciertos aspectos de la vida.

- Renacimientos en lugares deprimidos del planeta donde la vida condiciona enormemente las posibilidades personales.

- Renacimientos en momentos puntuales de la humanidad donde corrientes ideológicas, sectarismos dogmáticos o dictaduras crueles impiden el ejercicio del pensamiento libre; también, donde acontecimientos tales como guerras, hambrunas, contaminaciones ambientales o epidemias limitan seriamente a las personas.

- Accidentes, enfermedades y minusvalías que, a menudo, llevan a la persona al desarrollo de otras capacidades propias, a la par que la preservan de situaciones, tal vez peores, que en ese momento no puede ni entender ni anticipar.

- Muertes violentas, las cuales pueden ser una forma de saldar al por mayor energías muy densas del trauma nuclear que quedan, así, liberadas.

En la fase de purga se produce un gran aprendizaje en condiciones muy severas, pero tremendamente aprovechables para la conciencia. Hay un beneficio implícito, aunque no se sea consciente de ello, gracias al drenaje de gruesas capas de la propia densidad acumulada, que la persona libera mediante las difíciles condiciones de vida que le vienen impuestas.

Cuando somos capaces de despertar en semejantes momentos críticos, el aprovechamiento es máximo y el salto de conciencia, también. Se cumple el destino, se salda aquello que nos perjudicó gravemente en el pasado y queda liberado el provecho que aquella experiencia tuvo.

> Mientras no nos reconciliamos con el pasado,
> la sabiduría implícita en aquel modo de actuación permanece
> bloqueada por el sufrimiento y las emociones dominantes,
> condicionando los siguientes tramos de evolución.

Este despertar ocurre cuando uno es capaz de transitar por la propia oscuridad, sosteniendo el peso de sus circunstancias sin desfallecer, hasta que entiende, muy dentro de sí, que solo le está sucediendo lo que le corresponde, que nada es gratuito ni por casualidad. Cuando se da este nivel de aceptación, cuando la persona se entrega a la vida y no opone más resistencia, el cambio se produce dentro y fuera de su realidad.

Esta fase de purga puede llevar vidas y vidas, en virtud de la ceguera y la ignorancia que la conciencia muestre con respecto a los procesos multiexistenciales, así como de la resistencia a la aceptación y a la propia transformación. También puede aparecer a lo largo de periodos intensos dentro de una misma vida en que se esté purgando ese remanente.

Estos periodos se reconocen por el grado de limitación que nos imponen (un matrimonio, un momento laboral, una enfermedad); por el grado de contrariedad que traen a nuestra vida; porque nos vemos desviados de un camino que habíamos trazado u obligados a pasar por situaciones insostenibles; por el nivel de emocionalidad que emerge bajo esas circunstancias y que nos creíamos incapaces de poseer; porque entramos en una zona oscura de nosotros mismos o en un periodo de confinamiento; porque se nos echa encima el peso de la ley o algún revés de la fortuna.

El trabajo interior en esta fase es de ablandamiento, gran aceptación y no resistencia a condiciones insalvables; igualmente, de paciencia infinita, buen humor y de trabajo en solitario en lo más hondo de sí; de capacidad sincera para pedir ayuda, de gran amor hacia uno mismo y de búsqueda de gratificación en las pequeñas cosas y en la belleza de la naturaleza, siempre presente; es un trabajo de conciencia de los límites como parte de la energía de amar, de apertura a la trascendencia y a las memorias de la propia conciencia para encontrar las respuestas que se necesitan.

Conviene, además, prestar atención al momento en que termina este periodo de purga. A menudo, he comprobado que muchas personas que aceptaron sus difíciles condiciones de vida y generaron cambios al respecto siguen, ya sea por inercia, por falta de convencimiento o porque no se dan cuenta, admitiendo situaciones que ya no deberían aceptar y que ya no proceden.

Cuando vemos que la vida nos va dejando hacer otras cosas con mayor libertad respecto a la obligatoriedad a la que estábamos sometidos, es quizás el momento de plantearse internamente que hemos saldado nuestra deuda con el pasado y que estamos listos para iniciar una nueva etapa.

FASE DE SENSIBILIZACIÓN

La fase de sensibilización es aquella en que la persona está altamente sensibilizada a determinados acontecimientos de la vida que no puede soportar.

No dispone de un explicación racional para ello porque, por lo general, son sucesos que no ha conocido en la vida actual; sin embargo, el mero hecho de imaginarlos o de verlos reflejados en el cine o en las noticias le resulta insostenible.

La idea de la tortura, determinadas formas de muerte, la repugnancia hacia ciertas cosas, las fobias, la vergüenza propia o ajena, etc., son ejemplos de situaciones que despiertan en algunas personas un grado de hipersensibilidad difícil de sostener.

Durante esta fase, la persona se está recuperando de sucesos traumáticos que experimentó en sí misma o produjo en otros. Esta etapa es como una vacuna que mantiene a la persona preventivamente alejada de esos sucesos que aportaron un alto nivel de aflicción, y con los que ya ha saldado cuentas, de manera que no puedan volver a repetirse.

El trabajo interior en esta fase se basa en el respeto hacia ese grado de sensibilización, sin pretender escapar de él ni tampoco dramatizar al respecto; en cuidar ese espacio sensible, intentando amortiguar el impacto con mayor aceptación y menor despilfarro emocional, hasta que la persona pueda reunir la confianza y la valentía suficientes para encarar cualquiera que fuera el suceso.

A veces, no conviene ahondar en las memorias ni forzar el recuerdo, especialmente cuando el nivel de madurez no es el adecuado para la aceptación de los hechos que pudieran emerger con la apertura de la memoria del pasado.

FASE DE ACOMODACIÓN

Esta fase puede ocupar varias vidas o largos tramos de una misma vida. En este caso, la persona está como en un adormecimiento o inconsciencia acerca de la evolución personal. Vive mimetizada con los valores culturales y las expectativas familiares o sociales de su medio, entroncada en sistemas de creencias y totalmente adaptada a las rutinas y los ordenamientos preestablecidos en una vida humana lineal.

La inercia de lo estipulado socialmente, cualquiera que sea el estatus de la persona, la rutina, la seguridad y los valores familiares le dan rumbo, sentido y una aceptación sin mucho cuestionamiento de la vida. Hay un acatamiento tácito del destino y, aunque este no sea del todo satisfactorio, el hecho de que no haya un planteamiento o propósito interior conduce a la persona a una ciega aceptación de la realidad. Son vidas en las que no suelen correrse grandes riesgos ni experimentarse transformaciones importantes.

Así mismo, he podido constatar que, a veces, la acomodación también se produce en torno a determinados trastornos mentales o psicológicos que la persona insiste en no querer resolver, dejándose llevar por la inercia de los cuidados que provee su entorno.

Esta fase a menudo se traduce en vidas complacientes o tramos de existencia donde, aparentemente, todo va bien, no hay grandes problemas y la persona llega incluso a pensar que en eso consiste la felicidad.

Pueden ser vidas donde se cosecha algún tipo de triunfo social o profesional, un logro artístico o afectivo que, en sí mismo, merece la pena y da para vivir del recuerdo de esa época.

Afirmaciones como: «no se puede tenerlo todo en la vida», «hay que vivir la vida como viene», «esto es lo que hay», «la vida son dos días», etc., dan conformidad y justificación a la existencia.

La fase de acomodación es necesaria evolutivamente en la resolución del trauma nuclear. Muchas veces elegimos una vida sin demasiadas complicaciones para darnos una tregua, un respiro, y recuperar también la saludable conexión con el disfrute de la vida terrenal.

La diferencia entre estar cumpliendo una fase de acomodación y haber resuelto el trauma y estar disfrutando plenamente de una vida lúcida estriba en que, en la fase de acomodación, sigue habiendo un trasfondo inexplicable de insatisfacción, y en que, a pesar de «tenerlo todo en la vida», subyace un eco lejano acerca de la finalidad de la existencia.

El trabajo interior en esta fase consiste en disfrutar de las cosas, dejándose fluir en una vida o etapa de una vida sin demasiadas complicaciones y valorando que lo realmente importante es eso: transitar por la existencia sin culpas ni exigencias.

Si la persona llega a despertar a una lucidez suficiente, podrá poner en marcha estrategias para dar un nuevo giro a su vida, tal vez gracias al acolchado de estabilidad que supo aprovechar previamente.

Recordemos que la fase óptima para transitar por la vida humana es la vida lúcida.

FASE DE AUTOAPLICACIÓN

En esta fase, la persona es víctima de sí misma. Es su propio mortificador, se somete a circunstancias que justifican su sufrimiento a raíz de un trauma nuclear que ya no está fuera de la persona, sino en su propio mundo interno, en sus peores fantasías, en las cosas tremendas que anticipa y que no se corresponden con la realidad. La persona no ha conseguido salir, pese a sus muchas vidas, de la circularidad del sufrimiento y se ha acostumbrado a vivir en ese caldo de cultivo. Así, vive presa de temores injustificados y fantasías irracionales acerca de la probabilidad de que determinadas cosas ocurran, recreándolas morbosamente incluso en su imaginación o en el mundo de los sueños, donde terminan convirtiéndose en pesadillas recurrentes.

Es una forma de vida amenazada por agentes incontrolables e irracionales que terminan creando situaciones que ponen a quien la padece al borde de lo que más teme. La persona se recrea en una especie de «psicosis adaptativa», donde no hay un trastorno mental diagnosticado, pero cuya forma de vida está desconectada de la realidad objetiva.

A veces, el miedo a enloquecer es una salida o justificación a otros temores más compactos en el mundo mental de la persona.

Recuerdo que, en una ocasión en que volvía de Asia con un grupo de amigos y estando ya en el aeropuerto, poco antes de embarcar, uno de los miembros del grupo empezó a activar, presa de nerviosismo, toda una película irracional acerca de la posibilidad de perderse y quedar varado y sin rumbo en aquel país lejano. Lo cierto es que casi lo consigue: se perdió en el aeropuerto y me llevó un buen tiempo encontrarlo, amén de tener que remover lo indecible para detener la salida del vuelo. Él mismo no daba crédito a lo que le estaba sucediendo, a la manera en que se había modificado su estado de conciencia y se veía errando, perdido y abandonado en un mundo interior que nada tenía que ver con la realidad, pero que formaba parte de una configuración permanente fruto de su trauma por abandono, el cual estaba aplicándose a sí mismo.

> A menudo, la forma de salir de esta fase de autoaplicación tiene un componente traumático que acaba trayendo bruscamente a la persona a la valoración del presente, frente al arrastre de un pasado remoto e innecesario.

Por ejemplo, un episodio psicótico donde la persona recrea el horror de muchas experiencias y regresiones espontáneas que aportan la evidencia de sucesos ya vividos; o algún tema de enfermedad física, descalabro económico o afectivo lo suficientemente rotundo como para que la persona empiece a darse cuenta de su tendencia a provocar ella misma todo esto en el presente.

El trabajo interior en esta fase consiste en que la persona tome conciencia de que esas vivencias, sensaciones y temores irracionales acerca de una situación interna que se repite injustificadamente en su mente no son producto de su imaginación, y en que indague, a partir de un buen acompañamiento terapéutico, en todas las conexiones que le permitan aproximarse a su trauma nuclear y resolverlo. Cualquiera de sus peores fantasías puede estar haciendo referencia a episodios repetidos en el pasado en torno a su acontecimiento traumático.

Al respecto recuerdo también a una mujer que, durante uno de los cursos que imparto, accedió espontáneamente al hilo continuo de memorias pasadas, de épocas sucesivas, donde, siendo también mujer, moría torturada y masacrada junto con otras mujeres a manos de la barbarie masculina imperante en aquellas culturas. Su trauma nuclear por abuso de autoridad aún ejercía en ella una profunda desvalorización y un victimismo que no la dejaban salir a flote en el presente. Afortunadamente, en esta ocasión pudo liberar todo ese pasado en un contexto propicio; en la actualidad, se dedica a la reeducación de mujeres maltratadas.

2. TIPOS DE TRAUMA NUCLEAR

Como resultado de la experiencia acumulada durante años de investigación sobre el origen y la razón de tanto sufrimiento en la vida terrenal, he ido concluyendo que hay tres grandes grupos de traumas que concentran el grueso del drama humano. Lo que me interesaba de esta búsqueda no era llegar a establecer numerosas categorías ni variantes, porque es muy fácil perderse en exhaustivas clasificaciones, sino detectar el tipo de acontecimiento predominante y decisivo que marca a una persona para siempre.

> Y fui descubriendo que la situación de abandono,
> la experiencia del rechazo y los trágicos desajustes en
> torno a la autoridad marcan una constante inquietante en
> los acontecimientos dramáticos de las personas.

Se trataba de identificar cuál era el trauma dominante, raíz, de una persona para, a partir de ahí, poder desglosar con mayor claridad el sinfín de otros sucesos ocurridos en vidas posteriores, los cuales, si bien pudieron ser experiencias impactantes, no dejaron un residuo tan negativo ni unas secuelas tan profundas como las derivadas del trauma nuclear. Un hecho interesante que he observado en la evolución del sufrimiento humano es que todos hemos pasado por innumerables experiencias en el recorrido terrestre con un denominador común: el desamor. El trauma nuclear condensa el grueso de nuestra herida afectiva y es la prueba de que no podemos vivir sin dar y recibir afecto, sin sentirnos queridos y querer a los demás.

Salvando las distintas intensidades, todos hemos vivido peripecias de todo tipo y podemos, por ello, mostrar empatía hacia los demás, entendernos y ayudarnos unos a otros.

Sin embargo, esta realidad de sentirnos hermanados por vivencias comunes no conduce necesariamente a encontrar la solución en el consuelo del «mal de muchos» ni en la aplicación de técnicas terapéuticas para resolver conflictos comunes que nos pueden afectar a todos, como un problema con alguno de nuestros padres, los celos o la baja autoestima.

> Se trata de dar con la clave esencial que abrió nuestra herida particular al desamor y de diferenciar nítidamente esa causa nuclear de tantos otros sucesos vividos posteriormente como consecuencia.

El tema de la soledad es, por ejemplo, un sentimiento recurrente en las personas; sin embargo, la soledad no es la causa de un acontecimiento traumático, sino la consecuencia de diversas situaciones que terminaron en un doloroso aislamiento. De hecho, la soledad cobra muy distintos tintes según el trauma que la provocó, y puede ser, o no, un impedimento en la vida afectiva de la persona.

El hecho de identificar el trauma nuclear permite ir directos a la sanación de la causa y de todo lo que colateralmente fue vivido con posterioridad. Esto establece diferencias cruciales a la hora de llevar a cabo un modelo terapéutico de autosanación y evita dar rodeos inútiles durante una eternidad de sesiones, buscándole remedio a temas que no son el origen de la problemática actual (de ahí que la patología vuelva a emerger, incluso después de años de terapia, cuando la persona ya daba por zanjada la cuestión).

El trauma nuclear afecta a niveles muy profundos del ser y tiene la capacidad de inhabilitar para la felicidad. Es alimento del desamor porque desintegra el núcleo de cohesión con uno mismo, generando un inmenso vacío interior.

Ese vacío, esa desconexión interna, es un campo fértil para la soledad, la inseguridad, la desvalorización, la tristeza o la añoranza, la represión, el miedo o la ira.

Si algunas de estas emociones todavía tienen la facultad de dominar aspectos decisivos de nuestra vida es que el trauma nuclear no está resuelto.

LA METODOLOGÍA DE AUTOSANACIÓN DEL TRAUMA NUCLEAR© no requiere entrar específicamente en regresiones, porque anticipa que la vida humana actual ya es una regresión en sí misma.

Los acontecimientos insatisfactorios, las repeticiones y el circuito del miedo son indicadores del trauma nuclear y de no tener resuelta la causa del sufrimiento.

ALGUNAS CLAVES PARA EMPEZAR
A DETECTAR EL TRAUMA NUCLEAR

El trabajo de autosanación del trauma nuclear (en adelante y hasta el final del capítulo, TN) requiere de GRAN SINCERIDAD y de GRAN VOLUNTAD DE TRANSFORMACIÓN, variables indicadoras del amor que uno se tiene a sí mismo.

La mayoría de los seres humanos tiende, por naturaleza, a buscar soluciones fáciles a su problemática y, a ser posible, que no lo obliguen a hacer muchos cambios ni grandes esfuerzos. Es más, pagaría fortunas porque alguien lo hiciese en su lugar o le quitara de encima el peso del trabajo y del compromiso.

A quien pertenezca a esta mayoría puedo decirle, de todo corazón, que no llegará muy lejos en su proceso de sanación. Piensen que sanar el TN es el principal proyecto de vida que nos proponemos al volver a la Tierra. Es más importante que aportar algo a la humanidad, ayudar a los demás y cualquier misión de orden espiritual que podamos imaginar.

De hecho, a menudo he observado que esas magnas tareas actúan como distractores y mecanismos de evasión de la responsabilidad que uno tiene consigo mismo, y que no consiste en otra cosa que en curarse para poder ser feliz.

Una persona feliz
es la que más aporta a la humanidad.

Veamos algunas claves o pistas para ir detectando nuestro TN:

- Hacerse preguntas del tipo ¿Qué es lo que más me duele en la vida?, pues las respuestas suelen aportar recuerdos o datos con los que empezar a trabajar. Procuren ser muy sinceros y discriminar lo que les duele de verdad de lo que sencillamente los irrita, molesta o cansa. No generalicen en torno a los graves problemas de la humanidad que nos afectan a todos, porque, en ese sentido, la Tierra es el mejor de los escenarios, sino que discriminen cuál es el que los moviliza realmente, por ejemplo, la pobreza, la injusticia, la guerra, la traición, etc. Recuperen esa información y déjense sentir al respecto, hagan una inmersión energética, meditada, en ese descubrimiento.

  Todo trabajo en profundidad con uno mismo combina los elementos reflexivos con la capacidad de sentir, porque el sentimiento, el tiempo sentido, abre memorias sutiles para que pueda acudir a la conciencia el eco lejano de un recuerdo, de una intuición, de una vivencia espontánea de esta u otras vidas.

  La mente tiene un techo que el corazón amplía.

- Detectar lo que nos inquieta habitualmente o de forma recurrente, y que puede llegar a ser obsesivo en nuestra vida. Observar el tema de preocupación que llena nuestra mente en los intervalos que no ocupamos con las obligaciones cotidianas: la soledad, la ruina, la pérdida de seres queridos, la enfermedad, el sexo... Dicho de otro modo: ¿En qué tipo de «rulo mental» se van mi tiempo y mi energía? Es importante llegar al fondo de la propia inquietud.

- Prestar atención a los miedos que acompañan nuestra vida. Los miedos son la tapadera y el mejor disfraz del TN. Mientras la persona permanece enredada en la ambigüedad del miedo y el sufrimiento limitante que conlleva, pierde la oportunidad de profundizar en su trauma para sanarlo.

- Identificar las cosas que nos avergüenzan. La vergüenza es una emoción a veces inconfesable hasta para uno mismo. Si ese es su caso, penetren en ella y hallarán muchas claves. El hecho de reconocer la propia vergüenza ya es reparador.

- Prestar atención a todo lo que se repite en la vida o se vive en espejo a través de los demás. El TN insistirá en hacerse presente bajo las más diversas formas a lo largo del tiempo.

- Extraer provecho de los sueños repetitivos, las pesadillas que arrastramos de la infancia y todo tipo de fobias, porque suelen guardar información reveladora.

- Considerar los acontecimientos traumáticos en la presente vida, ya que pueden ser reediciones minimizadas de lo que generó el TN; entre otros: mutilaciones, accidentes, cirugías, juicios, ruina, encarcelamiento o temor a ciertas formas de morir.

- Fijarse en las épocas históricas que nos atraen o generan rechazo, en las películas que, por su temática, movilizan en extremo nuestro ánimo, en las catástrofes naturales o provocadas por el hombre que no podemos soportar (incendios, inundaciones, terremotos, cataclismos, guerras).

- Analizar la elección de ciertas profesiones, pues es algo que está inconscientemente condicionado por el TN, ya sea para redimir carga o para seguir conectado con esa línea de actuación desde otro lugar. Los cambios profesionales a lo largo de la vida pueden ser indicadores de sanación de ciertos aspectos del trauma.

EL TRAUMA NUCLEAR POR ABANDONO

Dependiendo de la fase de recuperación del trauma en que se halle la persona (purga, sensibilización, acomodación, autoaplicación), uno de estos miedos es predominante:

- miedo a perderse.
- miedo a la soledad afectiva.
- miedo a la pobreza.
- miedo a la locura.
- miedo a lo desconocido.

Nos encontramos, en este caso, con que en el núcleo más inconsciente de la persona se ha desarrollado un profundo sentimiento de desvalorización basado en el desamor. A los afectados les cuesta quererse porque, como resultado del TN, no han conseguido impregnarse de la energía procedente de vínculos de intercambio afectivo naturales y saludables. Les falta la vivencia del intercambio afectivo básico y no se sienten queridos ni protegidos como desearían; son supervivientes del desamor, de la soledad afectiva y de la falta de modelos afectivos.

El trauma por abandono emerge en ambientes humanos donde la persona no recibe cuidados afectuosos básicos; en ambientes familiares y educativos severos o distantes; cuando falta un progenitor en edades cruciales; o cuando faltan los mimos o el cariño directo («madre erizo»), aunque se hayan ocupado de la persona en otros aspectos. Al no existir un entorno afectivo protector en la infancia, también pueden darse abusos.

Como consecuencia, la persona genera, en el plano adaptativo, pautas comportamentales que indican una tendencia al abandono de sí misma y del propio poder, además de un gran vacío interior que conduce a una falta de confianza en la permanencia y la continuidad de las cosas en el tiempo.

La pregunta, ¿Y PARA QUÉ?, surge a menudo en la vida de estas personas, las cuales también muestran inercia y desaliento a la hora de sostener su presencia energética en el medio, como si no fueran a poder salir adelante por su propio esfuerzo. Relegan su poder con facilidad y tienden a caer en situaciones de injusticia, uso de drogas, ideas suicidas o comportamientos autodestructivos.

Mantienen una relación poco natural y saludable con su cuerpo, con el cuidado personal y las rutinas que conllevan un adecuado vínculo somático. Esta desconexión con el propio cuerpo, reflejo evidente de la desconexión o el abandono de sí mismas, puede generar un cuerpo somatizador de su desamor que reclame mucha atención o, por el contrario, muestre un deterioro innecesario por descuido y falta de atención suficiente.

Son personas que viven muy disociadas del cuerpo y con dificultad para estar encajadas y presentes en el mundo de las sensaciones que habitualmente se viven a través del mismo; en consecuencia, desvían mucha energía al espacio mental, sobrecargándolo de una actividad que les cuesta poner en acción o aplicar en el mundo físico. Además, a menudo reprimen o mantienen muy a raya esa actividad mental, imaginativa y/o psíquica desbordante, pues, al no saber encauzarla debidamente, les asusta. Para muchas de estas personas, es común tener la sensación de que no participan de una vida compartida a través del cuerpo o de que se han pasado años como meras espectadoras de la vida.

Es igualmente común la sensación de estar siempre empezando de cero en la vida, debido a una falta de implantación de sus recursos en el medio, lo que las aleja de la cosecha que les correspondería como resultado de sus acciones. La dificultad económica, la sombra de la pobreza y la ruina planean sobre sus vidas, alimentando inconscientemente la desprotección y el circuito del sufrimiento y la preocupación.

Por lo general, el TN termina siendo actuado y recreado por la propia persona, y culmina en el abandono de sí misma, el desaliento y la desmotivación en la vida, la desesperanza por llegar a ser lo que intuye que puede ser y, sobre todo, SER AMADA por ello.

Como mecanismos de compensación en las personas afectadas por este trauma podemos citar los siguientes: una demanda de atención tan exagerada que termina generando alejamiento y abandono; autoalejamiento o tendencia a quedarse recluido en el propio mundo mental, descuidando las relaciones sociales o no valorando lo que se recibe, pues, debido al gran vacío afectivo, nada parece suficiente; dificultad para la celebración; alta susceptibilidad ante lo que se percibe o anticipa como abandono de los demás; posesividad, proteccionismo, complacencia extrema para conservar el entorno afectivo; dificultad para el desprendimiento, apegos y/o sometimientos de naturaleza sentimental a personas que no siempre responden satisfactoriamente y/o a bienes materiales como forma de sentir amparo; soledad impuesta, resignada, en respuesta a mucha decepción.

- Perfil patológico:
  El desamparado, el paria.

- Trabajo evolutivo personal para sanar el TN por abandono:
  Descubrir el sentido de la vida y adherirse con determinación a actividades que apunten en esa dirección.

- Aprendizaje con respecto a la energía de amar:
  El amor hacia uno mismo.

- Objetivo en la Tierra:
  El amoroso encuentro con uno mismo, la plenitud interior.

EL TRAUMA NUCLEAR POR RECHAZO

Este trauma subyace bajo miedos contradictorios como:

- miedo a la exclusión o la falta de pertenencia.
- miedo a la traición.
- miedo a la crítica.
- miedo a no ser suficientemente válido.
- miedo a no despertar interés.
- miedo a destacar.

Independientemente de la fase evolutiva de recuperación del TN, en este caso la persona está herida en la expresión de su identidad, en lo que la distingue como individuo singular. El trauma por rechazo ha dañado el núcleo de la valoración y la autoestima, provocando una gran inseguridad personal como resultado de la traición, la degradación, la humillación o el rechazo social o afectivo experimentados en el pasado.

El trastorno traumático se vive principalmente en la relación con los demás, mientras que la deteriorada relación con uno mismo es resultado del impacto social recibido por no haber podido DIFERENCIARSE POSITIVAMENTE en el medio. En el núcleo más inconsciente de la persona se ha instalado una inseguridad básica hacia su propia valía, que le dificultará integrarse y ser aceptada en grupos de pertenencia.

El individuo fantasea con la idea de que en el mundo no hay sitio para él y, si bien su máximo anhelo es integrarse en grupos humanos, al final, su propio desarraigo y la falta de diferenciación positiva con respecto a sus semejantes hacen que se cumpla la idea del rechazo o de la plena integración social.

En los casos más severos existe una honda fisura que no deja que la persona se guste, se quiera, esté en paz consigo misma. Deambula por la vida esquivando el desafío de mostrar quién es y de ser aceptada por ello. Sin embargo, y aunque no muestre especial interés, suele tener una capacidad de liderazgo innata. Es el rebelde. Puede desarrollar ideas o comportamientos autodestructivos y de alejamiento social, convencida de que lo que tiene para ofrecer al mundo no le va a interesar a nadie. Le cuesta mucho afirmarse en YO VALGO.

El trauma por rechazo aparece en la vida humana en contextos donde hay que superar algún rasgo físico/intelectual/familiar que distingue y diferencia de los demás, pero que la persona no valora y vive como un obstáculo, dificultándole la adaptación al medio. Por ejemplo, cuando la belleza solo trae sinsabores (de hecho, los rasgos positivos pueden actuar negativamente y generar rechazo y/o, a menudo, lo que en realidad es envidia disfrazada de rechazo).

El rechazado es siempre el último en enterarse de lo que vale y en disfrutar de lo que tiene. Su necesidad de aceptación y/o reconocimiento es extrema y puede malgastar muchos recursos en conseguirla. Tiene tendencia a compararse siempre negativamente y a ver únicamente sus propios defectos: cualquiera es mejor o vale más; es desconfiado a la hora de recibir apoyo del entorno, de contar con los demás o de pedir ayuda, pues las traiciones experimentadas han minado su confianza en los otros; siente temor a destacar en algo y provocar, así, la envidia y el rechazo posteriores; le falta atrevimiento, debido a su desvalorización y temor a no estar a la altura; es altamente susceptible a la opinión ajena, a la crítica y al enjuiciamiento; al sentir que no encaja en el entorno social, su sentimiento de soledad es muy profundo y corre el riesgo de aislarse socialmente.

Dependiendo de la fase evolutiva de resolución del TN, la persona ha podido mejorar el reconocimiento de su propia valía, la cual guarda celosamente y no manifiesta en su medio, como una especie de revancha hacia lo social. Padece resentimiento social y se aplica en seguir evolucionando en solitario, lo que puede generar vidas de mucho ostracismo: el rechazo no la paraliza en la acción y puede seguir avanzando en su medio al margen de las corrientes sociales.

La persona tiene que superar muchas dificultades para adaptarse a la vida, principalmente a la integración social. Y puede llegar a convertirse en su peor enemigo, con tendencia a boicotearse y a atentar contra sí misma, ya sea desarrollando pautas antisociales, trastornos alimentarios, malos hábitos de vida o relaciones destructivas que terminan justificando su aislamiento de los grupos humanos.

El conjunto de situaciones que llevó a la persona a ser rechazada injustamente en su momento creó un trastorno emocional de REPRESIÓN, de bloqueo en la capacidad de respuesta afectiva ante el conflicto o el dolor, lo que añade un componente de timidez, de distanciamiento afectivo que puede ser malinterpretado en su entorno como frialdad, egoísmo o falta de empatía, pero que es solo un mecanismo de defensa ante el rechazo y una torpeza para lidiar con las propias emociones y madurar afectivamente. Esto dificulta las relaciones afectivas personales y la capacidad para recibir afecto y dejarse ayudar.

En última instancia, el rechazo tuvo lugar no porque la persona no tuviera valías, más bien al contrario: porque era diferente, porque suponía una amenaza para el entorno dominante.

Como mecanismos de compensación del trauma por rechazo encontramos:

autosuficiencia extrema, alta especialización en valores personales o profesionales, gran exigencia y habilidad social para mimetizarse y pasar desapercibido.

- Perfil patológico:
  El resentido, el solitario, el raro, el desvalorizado.

- Trabajo evolutivo personal para sanar el TN por rechazo:
  Elevarse por encima de la inseguridad interpersonal, superar el rechazo hacia uno mismo y atreverse a salir al mundo con los talentos para ser reconocido.

- Aprendizaje con respecto a la energía de amar:
  El amor a los propios valores, el reconocimiento de la propia grandeza.

- Objetivo en la Tierra:
  Comunicar, integrar e interactuar en la diversidad, en la globalidad; la madurez en la comunicación y las relaciones a gran escala con la diversidad de seres.

EL TRAUMA NUCLEAR POR AUTORIDAD

Este tercer trauma subyace bajo miedos como:

- miedo a la violencia.
- miedo al sometimiento.
- miedo a la libertad.
- miedo al fracaso.
- miedo a sentir.

El miedo a la violencia es tal vez el más significativo de este trauma, con manifestaciones ambivalentes que van desde respuestas de enfrentamiento y rebeldía, que atraen aún más violencia sobre la persona, hasta respuestas de sometimiento y victimismo. Polaridades como víctima y maltratador, invasor e invadido, represor y reprimido, dan idea del nivel de tensión de opuestos que se fragua en el mundo interno de quien sufre el trauma por autoridad.

También es característica una profunda inseguridad, no siempre debida a la falta de valoración, sino a la altísima tensión interna generada por esos contrarios y que, en caso de cesar, no daría lugar al descanso, sino a la caída en el abismo del opuesto.

El temor a fracasar es una constante en la vida de estas personas, temor que contribuye a reprimir la puesta en marcha de su mejor energía vital hacia la autoafirmación. Por eso, se exigen muchísimo y se arrean sin piedad ni descanso ni tregua; debido a la falta de capacidad para valorar y disfrutar lo adquirido, nada es suficiente y siempre quieren más. Inmersas en esa carrera sin descanso, pueden llegar a considerar que el fin justifica los medios. También pueden dispersarse en muchos frentes a la vez, perdiendo la oportunidad de dar continuidad a sus proyectos y de concluir felizmente las cosas.

Su necesidad de control es una forma desviada del ejercicio de la autoridad desde el miedo y la inseguridad; como lo son igualmente su rigidez e inflexibilidad.

Son personas con un problema de territorialidad: o invaden o son invadidas por los demás; tienen problemas con los límites. Viven muy a la defensiva, en un estado interior de precatástrofe, como si todo lo que tienen entre manos pudiera saltar por los aires en cualquier momento (de ahí, el exceso de control). No terminan de ser dueños de sí mismos ni de poder liderar felizmente a los demás. Y a menudo se debaten dramáticamente entre la temeridad y la cobardía.

La persona ha desarrollado, en su núcleo inconsciente, un profundo déficit de poder personal, de afirmación de sí misma, de coraje. No ha conseguido, a raíz de una traumática relación con la autoridad, propia o ajena, configurar internamente los parámetros saludables del ejercicio del poder, de la toma de decisiones y del liderazgo en su propia vida y en relación con los demás, añadiendo una inmensa dificultad para comprometerse y dar continuidad a las cosas. No ha conseguido integrar satisfactoriamente la sensación de YO PUEDO en la vida.

No logra tampoco administrar adecuadamente la energía vital que pone en marcha el organismo para encarar los procesos de la vida, ir en pos de lo que quiere, protegerse o reclamar sus derechos, hacerse valer, encontrar espacios de tregua o descanso, continuar hasta concluir. La dolorosa tensión interna entre los opuestos crea disfunciones energéticas y estados ambivalentes de alto gasto de energía y profunda desvitalización, unido a la penosa sensación de dejar muchas cosas a medias.

El trauma por autoridad emerge en la vida humana en ambientes con elevados niveles de violencia física y/o psicológica, así como de control y exigencia por parte de alguno de los progenitores; también, en entornos de poder que no se han podido asimilar debidamente.

Por tanto, el modelo de autoridad que se absorbe es muy patológico o está muy distorsionado, y con ello se activa la herida que tiende a menoscabar la propia autoridad y la valía personal. Así mismo, pueden darse abusos en la infancia como parte del ejercicio sistemático de la violencia en la familia.

Como consecuencia, la persona genera, en el plano adaptativo, pautas comportamentales que tienden a la evitación del enfrentamiento y de la violencia a cualquier precio; a generar situaciones compensatorias de equilibrio que sofocan la emergencia del conflicto (con lo cual, el conflicto no resuelto siempre está rondando por su vida y atentando contra los intentos de mantener la tranquilidad a toda costa); a aguantar más presión de lo debido; a caer en el victimismo; a imponerse exigencias extremas para paliar la culpabilidad y el compromiso.

Son individuos que buscan la paz, pero con una profunda represión de su propia ira no aceptada ni resuelta, represión que, unida a la evitación del enfrentamiento y de la toma de decisiones, puede provocar situaciones de aislamiento social y/o marginación para escapar de toda confrontación social, así como actos de cobardía, militancia en grupos minoritarios que exaltan determinados modelos de convivencia o ejercicio del autoritarismo.

El temor al fracaso, que condensa toda la energía de la acción reprimida, planea constantemente en sus vidas, y, con él, la frustración y la falta de coraje para desplegar la fuerza de su acción en una dirección correcta. Otra cara que muestra la evitación del conflicto es la complacencia por miedo a despertar la violencia en la figura de autoridad; en sus extremos más severos tenemos el sometimiento y el victimismo.

El TN termina actuando sobre la persona, llevándola a reeditar un nuevo episodio donde tendrá que alzarse con autoafirmación, coraje y autoridad personal en la vida.

Como mecanismos de compensación de este TN encontramos: casos de falsa autoridad en que se infunde miedo para conseguir obediencia; la necesidad de control como forma de autoridad y de aquietamiento emocional; la manipulación; el chantaje emocional; el pacifismo; la pseudoespiritualidad.

- Perfil patológico:
  El controlador, el maltratador, la víctima.

- Trabajo evolutivo personal para sanar el TN por autoridad:
  Ejercicio del liderazgo desde la ética; ejercicio del poder sin miedo; el compromiso interno; la confianza y el respeto por el trabajo en equipo; delegar y confiar en los demás; el trabajo con la conciencia de los límites.

- Aprendizaje con respecto a la energía de amar:
  Amor a la integración, amor a la transformación, amor a
  la equidad y a la justicia.

- Objetivo en la Tierra:
  El poder interno para la transformación de la vida.

ACTUALIZACIÓN Y SANACIÓN DEL TRAUMA NUCLEAR

Hablamos de actualización del TN cuando este se ha identificado, cuando el suceso que más ha dolido en la vida, el más incomprendido, cobra finalmente un sentido que traspasa los parámetros analíticos y racionales de la mente, y se instala en lo más hondo de uno mismo, con carácter de certeza. Es como haber hallado la pieza clave del rompecabezas que permite obtener la visión total del puzzle.

Se trata, a partir de ese momento, de vincular hechos, de atar cabos sueltos y, principalmente, de observar las repercusiones significativas que todavía pueden estar ocurriendo en el presente. Por ejemplo, la manera en que ese rechazo que experimentamos en el colegio ha estado repitiéndose de muchas otras formas, no tan evidentes, pero igual de dolorosas, y cómo hemos ido aprendiendo a esquivarlo y amortiguarlo. Nos interesa descubrir cuál fue la característica emocional o el comportamiento que pusimos en marcha para sobrevivir al efecto traumático, porque hay que empezar a desmantelarlo conscientemente.

Así, quizás nos demos cuenta de que nos hemos reprimido a la hora de decir las cosas; o de que muchas veces hemos vivido como rechazo lo que en realidad era envidia por parte de los demás; o de que ciertas desviaciones sexuales se activaron a la vez que aquel suceso traumático; o de que teníamos sueños reiterativos en torno a un tema que, por fin, comprendemos. Es la ocasión de mantenerse bien atento en la vida diaria, de convertirse en el mejor y más entusiasta observador de uno mismo, para pillarse en el hábito de respuestas automáticas que estén relacionadas con el TN, hasta conseguir actuar de modo distinto y con una nueva presencia energética.

De este modo, constataremos cuán impregnados estamos del viejo trauma, qué sutilmente entretejido está en nuestra vida y qué voluntad hay que emplear para extraerlo de sus escondites mentales y afectivos.

Observaremos el sinfín de conductas adaptativas que se han convertido en creencias acerca de las cosas. Por ejemplo, pensamientos como: Cuando estoy bien, siempre ocurre algo que interrumpe ese bienestar, hacen que se termine viviendo en estado de precatástrofe; o creencias como: Cuando necesito que me cuiden, siempre ocurre que se tienen que marchar y termino quedándome solo, hacen que la persona se acostumbre a no necesitar a nadie y a no confiar en que la van a ayudar en la vida. Cuántos estereotipos de vida para compensar el vacío afectivo y la necesidad de sentirse integradas y queridas han llevado a las personas a comportamientos excesivos a la hora de entregarse a los demás, de poner límites adecuados en la vida, de valorar las opiniones ajenas por encima de las propias, y tantas otras ideaciones que guían el mundo interior de la gente.

> Durante este proceso sanador, es importante constatar que la vida se convierte en una aliada excepcional que sabe acercarnos las pruebas justas para ensayar el nuevo comportamiento y hacer los ajustes necesarios.

Nos interesa mucho reconocer los propios cambios, sostenerlos en el tiempo y ver cómo terminan siendo valorados por los demás, a pesar de las resistencias iniciales. Hay que aprender a respetarse a uno mismo para que los demás también nos respeten. En realidad, lo que al final quiere la gente es seguir viéndonos como siempre nos ha visto; para los otros, es más cómodo que respondamos del modo al que los tenemos acostumbrados.

Pero en esta fase no hay que flaquear ni debilitarse ante inútiles sentimientos de culpa, porque, cuando cambiamos, no estamos haciendo daño a nadie; tan solo y tal vez, contrariando sus intereses.

> El que no quiere cambiar, tampoco quiere
> que los demás cambien.

Iniciar esta etapa resolutiva del TN nos pide lo siguiente:

- Convencernos de que, en la vida, nada es por casualidad.

- Descubrir que hay una valiosa oportunidad de iniciación y transformación allí donde parecía haber impedimento, dificultad, frustración, mala suerte.

- Darse cuenta de que todo lo que se repite viene a indicarnos algo importante.

- Observar atentamente aquello que nos acarrea miedo, debilidad, inseguridad personal.

- Discriminar con total claridad la emoción dominante que nos arrastra a los niveles más bajos de expresión (por ejemplo, ira, culpabilidad, victimismo, vergüenza, soberbia, inseguridad) y no permitirle que siga actuando de forma inconsciente en nuestra vida.

- Disminuir los niveles de exigencia, control y resistencia, y dejar que la vida fluya a nuestro alrededor.

- Estar dispuesto a cambiar costumbres, hábitos y hasta formas de vida.

- Tomar las decisiones en base, únicamente, a lo que nos produce alegría interior.

- Confiar plenamente en uno mismo, valorarse y gratificarse con actividades sencillas o empezando a hacer aquello que siempre se quiso hacer.

- Practicar el amor a uno mismo para que pueda desbordar en amor hacia los demás.

Lo más importante es atreverse a dar los pasos del cambio.

Lo que no existe son recetas para ello, porque la energía que se pone en marcha cuando una persona se atreve a SER es impresionante y cada uno descubre las suyas propias. Se hace camino al andar, y una cosa trae la otra. Además, no estamos solos en esta aventura: nuestros compañeros del cosmos nos acompañan en este proceso y van quitando tropiezos del camino o acercándonos lo más conveniente, inspirando la acción.

Eso sí: nuestra parte solo podemos hacerla nosotros.

A menudo pedimos ayuda a nuestros afines inmateriales en temas que son de nuestra única competencia, pero no vemos cuánto camino han despejado para que hayamos podido fluir sin obstáculos en incontables situaciones adversas.

OTRAS PAUTAS QUE TENER EN CUENTA

A medida que vamos resolviendo firmemente el TN, también nos interesa ir prestando atención a otros aspectos positivos de la vida y ayudas providenciales que han transcurrido en paralelo, porque todo no ha sido sufrir en este mundo. El reconocimiento de estos talentos va a reforzar enormemente el tiempo de sanación del TN.

Por ejemplo, nos interesa averiguar cuál es la ASIGNATURA MÁSTER que cada uno se lleva aprendida de esta vida; así, la perseverancia, la paciencia, la amistad, el valor, el agradecimiento o la capacidad de superación son otros tantos logros que entrenamos para sobrevivir al sufrimiento y que ahora hay que valorar inmensamente. Esto forma parte de la sanación, incorporando la energía de amar en el proceso.

Finalmente, en la Tierra estamos más completos de lo que pensamos: hemos venido aquí a encontrarnos y a resolver; por tanto, es lógico que lleguemos bien equipados para recuperar nuestros tesoros.

Al extraer la sabiduría escondida tras el dolor, descubriremos el tesoro que guardaba, porque sanar el TN nos integra y reconecta con lo esencial, al tiempo que nos devuelve la memoria de quiénes somos, con la plusvalía añadida en esta andadura evolutiva.

Empezar a vivir con lucidez supone ir constatando y disfrutando de estos hallazgos, viendo cómo se despejan espacios internos en los que ahora brota una enorme y alegre creatividad.

También es el tiempo de llenar de vivencias la polaridad opuesta a la tendencia que nos arrastraba y sometía en la vida. Es el trabajo con lo que denomino el OPUESTO DOMINANTE©, el polo dolorosamente bloqueado y sometido de nosotros mismos, el cual reinaba en la oscuridad, forzando actuaciones insconscientes, y ahora pujará por salir a la luz y brillar.

A medida que se va sanando el TN, va quedando disponible un nuevo espacio interno para ser usado solo con los talentos y las mejores cualidades de uno. Por ejemplo, si hemos descuidado la vida social por timidez, inseguridad o desvalorización, o porque pensábamos que no teníamos nada que aportar en una conversación, en un grupo social, es el momento de empezar a explorar esa faceta, la cual seguramente nos reserve grandes sorpresas; a lo mejor descubrimos que podemos hablar en público o escribir y compartir aquello que hemos resuelto felizmente. O en el caso de que se viniera ejerciendo un liderazgo exigente y controlador en la vida, tal vez se pueda descubrir en el opuesto dominante, un espacio de mayor confianza desde el que no haya necesidad de forzar ni empujar las cosas.

Solo cuando hemos drenado el sufrimiento florecen nuestros mejores talentos, con su energía vitalista y creadora, que hasta ahora se consumía en compensar deficiencias y en sobrevivir. Así, en la práctica de las nuevas virtudes que nos llevaremos como maestrías de la Tierra, también descubriremos el TALENTO NUCLEAR©, el talento maestro que ya venía con nosotros para ser implantado aquí, como parte esencial de nuestro proyecto de vida y como nuestra aportación singular a la evolución de la humanidad.

Esta fase de CONVERGENCIA SANADORA© que permite el reencuentro con lo mejor que hay en cada uno, dando lugar a la expresión más feliz del ser, es lo que entiendo como la auténtica integración de los opuestos, la plenitud consciente que nos impulsará al salto de conciencia.

Empieza a ser la actuación de la energía de amar en uno mismo, el inicio de la vida lúcida en la Tierra.

3. LA PATOLOGÍA DEL SUFRIMIENTO

En la vida humana nos sumergimos indefectiblemente en la vivencia de la polaridad como estrategia para acercarnos a niveles de experimentación que, al mostrarse como opuestos y distantes, van a aportarnos incalculables perfiles de maestría.

La polaridad no es un capricho del destino. Es una fabulosa estrategia de penetración en el conocimiento minucioso de las cosas que la vida en la Tierra despliega abundantemente ante nosotros, en contraste con otros planos sutiles, donde ese conocimiento aparece de forma globalizada y mental.

> Aquí, en la Tierra, y gracias a la dualidad, la experiencia
> del conocimiento se corta en lonchas finas
> para su mejor asimilación.

El problema que se nos presenta cuando estamos de lleno en la dinámica dual es encontrar el equilibrio de los puntos medios, ya que la dualidad tironea sin piedad, provocando una atracción fatal hacia los extremos.

> Sin embargo, el verdadero crecimiento surge cuando la
> conciencia realiza el esfuerzo de integrar tantas destrezas,
> recuperando la sabiduría adquirida en la vivencia
> de esos extremos.

Pensemos que hemos podido pasar innumerables vidas en uno de los polos de la experiencia, acumulando logros, adquiriendo maestrías, hábitos de actuación y dominio de las circunstancias. Esto en sí mismo ya puede dificultar mucho el traslado al otro extremo de la dualidad, es decir, al planteamiento de quedar inmersos durante unas cuantas vidas comprobando lo que se siente devolviendo, entregando, soltando y teniendo todo tipo de vivencias desde la perspectiva del desprendimiento, por ejemplo. ¡Valoren que es todo un desafío!

Y a todo esto hay que añadir las variopintas consecuencias que resultan de haber perseverado ciegamente en cualquiera de los dos bandos.

Imaginemos por un momento la adquisición de un talento evolutivo como el liderazgo en la mejor de sus expresiones, es decir, sin que haya derivado en el tiempo en excesos, abuso de poder o autoritarismo. En el lado opuesto destacarían la importancia de saber ser liderado, la obediencia, el respeto al valor, a la autoridad, el conocimiento y la responsabilidad, así como el desarrollo de la admiración hacia las mejores cualidades que un líder pueda manifestar. Porque, indudablemente, para llegar a ser un buen líder, también hay que haber sabido acatar, respetar y admirar, además de expresar lealtad, compañerismo, apoyo y firmeza en las decisiones.

Hay que demostrar una voluntad de conocimiento muy grande, un gran valor y una gran capacidad de desprendimiento para emprender la tarea de revertir una polaridad.

La manera en que hemos vivido las facetas de la dualidad en el pasado se refleja en nuestro presente.

Las posturas radicales de cualquier índole que todavía persisten como tendencias en la actualidad arrastran mucho resentimiento, fruto de la ira y el dolor acumulados, y nos hablan de apego y/o desconfianza a la hora de asumir responsabilidades y de revertir polaridad.

> **Muchas personas recelan de ejercer su liderazgo,**
> **frenadas por el eco lejano de cómo lo hicieron en el pasado.**

Como vemos, la práctica de la polaridad trae consecuencias. La polaridad ha sido una estrategia que nos ha enseñado a profundizar en un arco máximo de conocimiento. Si hemos logrado destilar algo de sabiduría en nuestro comportamiento es porque ya hemos recorrido un rango de extensa amplitud experimental y hemos sabido desprendernos de las consecuencias y los medios patológicos generados por algunas de nuestras acciones.

> Nos conviene saber que, para obrar efectos en la materia,
> hay que actuar, hay que implicarse, porque con el pensamiento
> solo no basta, y que el aprendizaje surge de la evaluación
> de las consecuencias obtenidas.

Las consecuencias de las acciones negativas pesan y acaban acorralando a la conciencia en un lugar interno de densidad y falta de lucidez del que no puede salir. En cambio, los resultados positivos despejan el avance y no acarrean retrasos ni cargas.

> Lo positivo transforma, por eso no se hace crónico;
> genera nuevos estados de vida.

Llegado el momento, la integración de los resultados, el balance consciente, la convergencia sanadora, es lo que permite liberar a la enseñanza de las garras del sufrimiento.

En la búsqueda de la sanación total, LA PRÁCTICA DE LA INTEGRACIÓN supone la disolución de todo el material residual que arrastramos de nuestro paso por los opuestos para alcanzar el virtuosismo. La energía de amar es la que integra y da continuidad a la vida.

LA POLARIDAD DEL BIEN Y DEL MAL

De las polaridades esenciales, como son pensar y sentir, femenino y masculino, materia y espíritu, vida y muerte, considero que la más importante es aquella que hace referencia al bien y al mal, a causa de la brecha que abrió en la forma de adquirir el conocimiento de las cosas.

> La polaridad del mal abrió la puerta al sufrimiento, y este sostiene en el planeta, todavía hoy, la dualidad con respecto a la otra cara de la energía de amar.

La decisión de encarnar los bandos de dicha polaridad en la plataforma Tierra fue largamente debatida en las eternidades que precedieron a la vida planetaria. Y este conocimiento me llegó a través de una experiencia sutil, gracias a la cual pude entender mejor toda esta realidad: una mañana, me encontraba trabajando en casa cuando, inesperadamente, se abrió en mí un espacio disociativo que me trasladó a una realidad sutil, a una atemporalidad precedente a la organización de la vida en la Tierra. En aquella eternidad, un inmenso grupo de conciencias debatíamos quiénes íbamos a encarnar la polaridad del bien y quiénes, la polaridad del mal; también, de qué manera iba a repartirse el compromiso que permitiría que se abrieran esas brechas de conocimiento para la humanidad y para todos los que estábamos interesados en participar en esa epopeya. En ese plano, éramos un gran grupo de afines, éramos equipos de semejantes ampliando el proyecto de la evolución de la conciencia, y estábamos aunados ante semejante decisión y compromiso.

Aquella experiencia le dio la vuelta a mi perspectiva del bien y del mal. Saber que lo habíamos planeado, que lo habíamos decidido en la mayor de las libertades y desde la amplitud creadora de un proyecto cuyo objetivo es la evolución de todos, me produjo una inquietante serenidad. Inquietante porque, cuando volví de la experiencia, que duró unos minutos, parecía que necesitaba urgentemente concluir que yo había elegido el bien. Pero al mismo tiempo era capaz de valorar que ambas realidades fueron fundamentales para abrir las líneas de experiencia que cada uno decidiría tener, que partieron de un proyecto común y que, sin duda, lo que nos hizo daño no fue experimentar este o el otro lado, sino el haber podido quedar atrapados en la acción y sus consecuencias, sin encontrar la salida.

La conclusión que saqué de esta visión sentida es que no importa tanto lo que se pueda haber hecho en el pasado, sino lo que estamos haciendo en el presente, dado que el ahora concentra la totalidad de todo lo que hemos sido y el potencial de lo que queremos llegar a ser.

Me he dado cuenta de que la malignidad, la violencia extrema y el terror no son sino la manera de airear los residuos de un dolor absurdo y patético que ya no cabe ni dentro de uno mismo ni en el seno de nuestras culturas, porque no tiene mayor sentido y solo conduce a una deriva sin rumbo evolutivo alguno.

El ejercicio del mal es muy debilitante, debido a todo lo que acarrea. En su práctica hay que ejercer cada vez más presión para conseguir resultados, algo similar al efecto adictivo de una drogodependencia. La perseverancia en el abismo maligno va encerrando a la conciencia en una condición de intenso sufrimiento y oscuridad. Esta actuación tiene un techo que construyen las propias consecuencias que genera y que son las que impiden el avance infinito de lo que entendemos como «el mal».

El mal, en sí mismo, no tiene finalidad evolutiva alguna, por lo tanto, no se puede mantener eternamente; es más, está tocando a su fin porque ha alcanzado su techo.

La práctica del mal, como experiencia evolutiva, culminará en breve con la desintegración de todos los excesos y dotará al bien de contraste, calado y consistencia para que este pueda materializarse definitivamente como forma continua de vida en la Tierra.

La experiencia del bien se ha enriquecido gracias a la existencia de su opuesto, gracias a la necesidad de haber sido sometido a prueba tantas veces, por tantas conciencias, en tantas épocas y con tan variados niveles de dificultad. En este debate, el bien, y todos nosotros, hemos salido airosos y con grandes frutos. El mayor de todos ellos será la implantación definitiva de la energía de amar en el planeta, el final de toda confrontación sangrienta entre los seres humanos, el fin de todas las guerras.

Estamos abriendo las puertas de la Tierra a las generaciones de reemplazo, las cuales materializarán con su nívea presencia y con nuestra aportación, por primera vez en esta plataforma evolutiva, los nuevos parámetros de la vida lúcida.

LA DERIVA DE LA ENERGÍA VITAL
A ENERGÍA DE SUFRIMIENTO

La conciencia produce un caudal energético inagotable para moverse por cualquiera de sus realidades multidimensionales. Semejante disposición energética garantiza su vitalidad y organización.

La energía es el combustible de la conciencia.

En función del nivel de evolución, la calidad y los efectos de ese volumen energético serán de mayor o menor efectividad en su entorno de influencia.

Los desajustes de energía que se producen en el mundo material a través del cuerpo humano, de las emociones y del intercambio de la propia vitalidad con los demás determinan que las personas acaben viviendo bajo mínimos, en estado de permanente escasez y, por tanto, con la necesidad urgente de reabastecimiento de energía vital a cualquier precio.

Todo ello es la causa principal y el origen de, entre otras cosas, los desajustes afectivos y sexuales, los apegos y sometimientos, los trastornos alimentarios y las drogodependencias, cuyo fin inconsciente es reponer energía en el sistema, pero sin despertar lucidez alguna en el individuo.

Pongamos el ejemplo de una persona que vive en una constante insatisfacción laboral, con un desgaste emocional y físico enorme, al que no pone remedio; una forma de compensar ese desarreglo puede ser aumentando el consumo de alcohol a la salida del trabajo, comiendo desaforadamente o tomando más dulce de lo que realmente le apetece, en la búsqueda de un «aquietamiento» que solo abre nuevas vías de desabastecimiento.

> Cuando el desgaste energético supera la capacidad
> de recuperación del organismo, sobreviene lo
> que entendemos y vivimos como «conflicto».

El estado de conflicto energético/emocional sostenido en el tiempo acarrea la enfermedad y el sufrimiento crónico.

> El sufrimiento es una situación no resuelta
> de desajuste energético.

El sufrimiento es la energía más destructiva que existe para la supervivencia de la conciencia en la vida humana. Genera un altísimo déficit de recursos vitales, que conduce a la muerte si perdura como estado continuo, y acarrea unas secuelas emocionales que permanecen a lo largo de los tiempos.

Sin embargo, en su afán por sobrevivir, el cuerpo humano se las ingenia bioquímica y emocionalmente para direccionar el sufrimiento en sus dos expresiones favoritas, las cuales se encargan de dinamizar esa energía en busca de soluciones vitales.

Las dos caras de expresión del sufrimiento son la ira y la tristeza.

La Ira

Cuando observamos a personas violentas, rabiosas, enojadas y ansiosas, o bien deprimidas, entristecidas y apáticas, podemos estar seguros de que, detrás de esos comportamientos, hay una buena dosis de sufrimiento no resuelto.

La ira es el aspecto activo del sufrimiento y puede evolucionar hacia la violencia con las consecuencias trágicas que conocemos en el ámbito doméstico y social. Sin embargo, la ira solo refleja una expresión activa de la energía del sufrimiento; aunque no está bien vista y genera rechazo social, porque no es fácil aceptar a violentos, alborotadores y rebeldes, la ira es, en términos de dinámica energética, más vitalista que la tristeza, ya que conduce a la acción, aunque esta sea enormemente disfuncional.

> A nivel energético, lo que el individuo violento está gritando es: ¡No puedo más con tanto daño interior! Desafortunadamente, los efectos energéticos del violento también lo dañan todo.

La violencia es acumulativa y va cargando paulatinamente a la persona. Dependiendo de la propia idiosincrasia, puede exteriorizarse en actos abruptos e inesperados que concentran una gran carga de tensión, o gradualmente, cual válvula de escape recurrente, mediante estados frecuentes de enojo, rabia, crítica hacia todo, sarcasmo, mal humor.

Cuando la violencia se interioriza y se vuelve en contra es altamente destructiva y tiene efectos devastadores en el individuo, el cual empieza a devorarse a sí mismo a través de conductas de riesgo, pautas adictivas de cualquier tipo (consumo de drogas, alcoholismo, trastornos alimentarios), estrés desmesurado, ansiedad y las más diversas enfermedades orgánicas que de ahí derivan en buena parte.

LA TRISTEZA

En su otra manifestación, la tristeza, la angustia y la depresión son la cara pasiva del sufrimiento, un camuflaje de la violencia, una especie de violencia adaptativa a una realidad social que admite mejor a la persona deprimida y victimizada que a la beligerante. Y, sin embargo, cuánta bronca esconde la depresión.

> Cuando la tristeza es el escondite de la ira,
> cuando se ha reprimido todo mecanismo de resolución
> del sufrimiento y se ha instalado una pauta de sometimiento
> y resignación ante la vida, emerge la figura de la víctima.

La víctima condensa una gran fuerza vital reprimida que termina dándole mucho poder bajo su apariencia indefensa y habituándola a sobrevivir en su entorno con mecanismos de manipulación y chantaje, que solo alimentan una pauta de resistencia y miedo al cambio y a la libertad.

Es conveniente detectar cuáles son las tendencias personales a la hora de expresar y liberar el sufrimiento consciente o inconsciente para poder admitir, con total sinceridad, que ese mal genio no es un rasgo de carácter singular, sino que esconde algo detrás; o que esa melancolía o esas ganas de llorar de vez en cuando no son parte de una naturaleza romántica, sino indicadores de algo más profundo.

Todos pasamos por momentos, temporadas y vidas en que podemos ser tiranos y víctimas. Lo importante es reconocerlo y aceptar nuestra cuota de dolor, además del modo en que viene expresándose, para poder transformarla.

Recordemos que el estado natural del ser humano es el bienestar y la alegría, y que sería interesante que, de una vez por todas, admitiéramos estos parámetros de medida para cotejar nuestra realidad y hacer por estar en ellos la mayor parte de nuestro tiempo.

EL MIEDO

Las expresiones de ira o tristeza, en su afán por mantener a raya el sufrimiento para que no duela tanto, tienen como corolario el miedo.

El miedo es el guardián del sufrimiento.

Actúa como un vigilante que activa alarmas del mundo psicológico para distraernos mediante un sinfín de temores congruentes o no con el trauma nuclear, impidiendo que entremos en él para sanarlo.

El miedo sostiene el circuito de la preocupación y del sinvivir interno. Es la emoción más dañina de todo el repertorio humano, pues tiene el poder de paralizar, debilitar, distraer, enredar y no dejar ver ni actuar con claridad.

El miedo es mental, incongruente, y se organiza en base a ideas tremendas que nos hacemos de cosas que, a menudo, ni siquiera conocemos, pero que anticipamos como fatales o catastróficas.

Situaciones sociales y personales de crisis e incertidumbre mantienen a las poblaciones atemorizadas ante posibles acontecimientos que están fuera de su alcance de resolución, y por las que sufren y condicionan sus vidas.

La humanidad ha sido y sigue manipulada en su evolución y en su felicidad mediante el miedo. Por eso, este es incompatible con el amor.

Al estar en la mente, los miedos enredan y confinan a la conciencia en la elucubración de escenarios internos, repetitivos, donde se hilan infinitas posibilidades (a cual peor, por supuesto), de desarrollo de una problemática. El nivel de tensión emocional que genera esa circularidad mental es extenuante y suele romper en algún tipo de somatización o de acción impulsiva e imprudente que no hace sino empeorar el asunto.

Todo ello impide que ese caudal de energía mental se emplee favorablemente para planificar soluciones que resuelvan la situación.

Vivir continuamente en esos debates internos, con la consecuente producción de sustancias bioquímicas que el cuerpo provee como receptor de todo ello, termina generando la más poderosa de las adicciones: la ADICCIÓN AL SUFRIMIENTO.

Así, la persona consume, sin finalidad positiva alguna, su propia energía en bucles mentales acompañados de ansiedad, ira o depresión, estados de ánimo adictivamente congruentes con su nivel de pensamientos.

Con el miedo, la mente se contamina de emocionalidad
recurrente no resuelta y queda inhabilitada para su
función primordial, que es la de pensar con claridad
y abrir estrategias de acción positiva. Con el miedo,
el ánimo queda empastado de oscuridad y dramatismo,
e inhabilitado para la alegría y
el disfrute de la vida.

El trabajo con los miedos lo desarrollé ampliamente en mi primer libro, «La Muerte Lúcida» (capítulo 6, «El miedo no te deja vivir»); por eso, en el presente trabajo voy a profundizar más en la manifestación de actitudes degenerativas del comportamiento humano que son consecuencia de los miedos.

Las actitudes destructivas se convierten en mecanismos repetitivos con los que la persona convive «adaptativamente», es decir, que se acostumbra a ellos y termina creando tendencias y hábitos degenerativos en su vida, cuando no alguna enfermedad mental grave. Al quedar atrapada en dichos comportamientos, se van abriendo surcos profundos en la psique, permeable y predispuesta al desorden interno. La enfermedad mental es, todavía hoy, una causa de máximo sufrimiento, no solo por la experiencia terrorífica que se reedita en el mundo psíquico de quien la padece, sino por la incomprensión y falta de recursos humanos y sanitarios que nuestra sociedad no es todavía capaz de facilitar, entre otros motivos, por el desconocimiento y el miedo en torno a la patología multidimensional.

No obstante, si esos mecanismos se sanan, queda un espacio disponible para cualidades muy positivas del ser, como veremos a continuación.

Consecuencias patológicas de vivir con miedo

Como consecuencia de vivir con miedo, la persona puede desarrollar en su evolución los siguientes trastornos emocionales y mentales:

- Pensamiento obsesivo:

Es decir, una intensa focalización mental en torno a ideas persistentes y recurrentes que limitan y restringen el espacio de pensamiento de la persona, nutriéndolo de miedo y de excesiva preocupación. El obsesivo consume su propia energía y crea hábitos de PENSAMIENTO RUMIANTE muy difíciles de desmantelar, aun cuando es consciente de ello. Hay dificultad para el aquietamiento, el silencio mental. Cuando la obsesión es el núcleo de un trastorno obsesivo compulsivo (TOC), el grado de tensión que se genera para descargar la acumulación obsesiva constituye, además, la patología añadida de la compulsión, a saber, un cortejo de rituales que administran la liberación de esa tensión, pero que no curan, sino que enredan y encarcelan aún más a la persona que la padece en circuitos interminables de secuencias repetitivas para ahuyentar la obsesión y obtener aquietamiento.

La curación de la obsesión deja abierta la alternativa a la PROFUNDIZACIÓN DE PENSAMIENTO.

- Rigidez mental:

Esta viene dada por una mente controladora, obsesiva, que se ha movido en entornos impuestos o no de ideologías, creencias y parámetros de realidad muy cerrados, previsibles y controlados, que han terminado dándole seguridad. Hay dificultad para la confianza, la espontaneidad, y para producir cambios en la vida o en la visión de las cosas.

La curación de la rigidez mental se traduce en una PODEROSA DETERMINACIÓN.

- Hiperactividad:

Cuando no proviene de una deficiente maduración del lóbulo prefrontal, la hiperactividad nos habla de una persona EXTREMADAMENTE DISPERSA que no consigue focalizar su atención para planificar y ordenar adecuadamente sus intereses por PRIORIDADES EN EL TIEMPO. Su capacidad de organización se tambalea en medio de los cientos de temas que acuden a su centro de interés y la dispersan en multitud de fines que no alcanza a desarrollar ni a concluir, y que a menudo la alejan de lo que le importa. Estas personas mueven una carga energética mental excesiva que no consiguen distribuir saludablemente en el cuerpo; viven sin tener en cuenta el efecto amortiguador y apaciguador que este tiene. Hay dificultad para serenarse y disfrutar de la vida.

La hiperactividad tiene el don alternativo de la VERSATILIDAD.

- Impaciencia:

Una inmadurez con respecto a la duración de los procesos temporales que requieren las cosas para adaptarse convenientemente a los ritmos del tiempo humano y CONCENTRAR LA ATENCIÓN EN EL MOMENTO PRESENTE. El impaciente vive peleándose con el tiempo, va por delante de los acontecimientos, ligado a acciones desesperadas, en una compensación patológica de su inseguridad personal y desajuste temporal.

Hay desconfianza en las acciones depositadas en el tiempo y en su culminación. También, dificultad para estar en el presente, confiando en la cosecha de lo que ya se ha sembrado y ocupando productiva y saludablemente el tiempo. La impaciencia es el caldo de cultivo de los trastornos más graves de ansiedad. Y detrás de la ansiedad siempre hay miedo, mucho miedo.

La REFLEXIÓN y la PLANIFICACIÓN estiran el tiempo que la impaciencia devora sin provecho alguno.

- Trastorno bipolar:
Se trata de un trastorno mental asociado a una alternancia de estados que transcurren en picos de extremada actuación maniaca y de su correspondiente caída en la depresión del ánimo. El desgaste psíquico producido durante la fase maniaca es enorme, y la caída en la depresión es consecuencia de la necesaria recuperación de energía por parte del organismo. A efectos evolutivos, nos interesa averiguar cuál es el talento que se dispara en la fase maniaca de la persona y cuáles son el miedo y la fisura psíquica que se activan en la fase depresiva. La dificultad para encontrar la actuación correcta entre los talentos encaminados a un proyecto de vida, así como la falta de resolución del miedo o los miedos que se activan en la fase depresiva, impiden que la persona encuentre su equilibrio y el sentido de su vida.

La VISIÓN DE CONJUNTO INTEGRADORA es la capacidad que nos otorga la sanación de este trastorno.

- Paranoia:
Este es un trastorno mental asociado a un delirio persecutorio. Las actitudes paranoides confinan a la persona en un mundo de conspiraciones, de persecución

y de vigilancia extrema. No hay descanso ni tregua en su realidad no compartida, en la que estos individuos viven acosados y perseguidos. Su estado de alerta y de DESCONFIANZA es máximo, no les permite apoyarse en nadie y conlleva una profunda soledad. Su dificultad consiste en valorar que todo está en su mundo mental y en abrirse a confiar y amar, y a ser amado por los demás. La curación del comportamiento paranoide deja espacio para una gran CAPACIDAD DE OBSERVACIÓN y CAPTACIÓN DE INFORMACIÓN procedente del medio.

• Psicosis:

Un trastorno mental asociado a la DESCONEXIÓN de la realidad compartida objetivamente con los demás. La dificultad consiste en poder integrar, a posteriori del brote psicótico, toda la realidad multidimensional que se ha desatado con virulencia y sufrimiento extremo en una vida normalizada y con significado. El trabajo personal está destinado a EDUCAR LOS ESTADOS DISOCIADOS y el dominio consciente del campo energético; a profundizar en la naturaleza del trauma nuclear para que esos episodios del pasado no irrumpan alarmantemente en el presente, abriendo fisuras remotas y desestabilizando dolorosamente la vida de la persona; a educar la autodefensa energética para no ser permeable a las interferencias multidimensionales de carácter patológico; a educarse y profundizar en la vida multidimensional para poder disfrutar y beneficiarse de lo mejor que esta ofrece. Aprender a estar en el cuerpo, vivir y disfrutar de la vida en la Tierra, y responsabilizarse de uno mismo son prioridades que hay que tener en cuenta en la sanación del trastorno psicótico.

La curación de la psicosis aporta una extraordinaria PERMEABILIDAD CONSCIENTE para la realidad multidimensional.

ACTITUDES DESTRUCTIVAS DERIVADAS DEL MIEDO

También conviene prestar atención a toda una serie de actitudes estresantes y destructivas que se nutren de los miedos y que minan la confianza en uno mismo. Se trata, curiosamente, de comportamientos muy comunes, no catalogados como patológicos, que, sin embargo, tienen consecuencias nocivas en la propia autoestima.

Tienen que ver con nuestra eficacia en el empleo del tiempo y suelen pasar facturas graves al equilibrio y la estabilidad personales. Revisen si todavía actúan en su vida siguiendo alguno de estos patrones:

- llegar sistemáticamente tarde y estresado a todas partes.
- dejarlo todo para última hora.
- no terminar las cosas, no cerrar capítulos en la vida.
- vivir de suposiciones, sin comprobar ni corroborar supuestos y, en consecuencia, dando por hecho cosas que hacen perder el tiempo y/o correr riesgos innecesarios.
- evitar o postergar la toma de decisiones.
- vivir fuera de sí, al límite, sin tiempo propio, sin ningún regocijo personal.

4. EL DON DE LA DISOCIACIÓN

La disociación ha sido, desde la más remota antigüedad, la fuente de toda sabiduría. Es la capacidad de ampliar las percepciones, la sensibilidad y el conocimiento más allá de los límites del materialismo sensorial, para poder penetrar en lo intangible, sutil y trascendente. Ha sido el don codiciado y atesorado por la espiritualidad, el misticismo, las sectas ocultas e indígenas, y por todas las culturas humanas celosas de preservar la sabiduría arcana de los tiempos y de seguir ampliándola gracias a la disociación.

El don para disociarse conscientemente es el legado ancestral que se fue pasando secretamente de unos a otros, durante eternidades y milenios humanos, en un intento de preservarlo de la manipulación, la barbarie y la ciega ignorancia.

En el pasado, los antiguos ritos de iniciación venían a despertar y activar esa facultad en las personas más predispuestas, lo cual les otorgaba un gran poder.

La disociación es la facultad de mantener abierta la puerta de la continuidad entre dimensiones cósmicas. La disociación sostenida permite estar en sintonía con el conocimiento adquirido evolutivamente por las conciencias en el Universo. Establece la conexión directa con la sabiduría, mediante el vínculo hermanado con las conciencias que lo poseen y lo sostienen en cualquiera de las dimensiones evolutivas donde se estén manifestando.

La ética del individuo gradúa el alcance y la proyección de la sabiduría compartida en la multidimensionalidad. Cuanto mayor es la ética de quien conoce y domina la disociación, mayor longitud de onda multidimensional consigue. Los límites del conocimiento vienen dados por los niveles de ética aplicados por la conciencia. El nivel de ética es el nivel de evolución de una conciencia.

Disociación y ética forman un tándem indisoluble que rige efectos y consecuencias en la trayectoria de las personas.

LA DISOCIACIÓN, UN FENÓMENO HUMANO

Veamos la disociación como un fenómeno natural, una propiedad humana, como si fuera un sentido más con sus correspondientes efectos en la percepción de la vida física. Así como la vista permite ver y el oído, oír, la disociación permite percibir y sentir más allá de la realidad material, con efectos constatados a través del cuerpo. Es algo así como un sensor/radar/modulador/amplificador de la información que nos traen los sentidos, porque actúa a partir del borde sensorial, enriqueciendo la perspectiva global de las cosas.

La disociación se sirve, por tanto, de los componentes físicos para traernos datos, pero también de los componentes mentales, emocionales y afectivos. Utiliza todos los equipos de la conciencia. Aprovecha ideas, memorias, intuiciones y sentimientos para acercarnos el conocimiento, la conclusión o la decisión que más nos interesa en cada momento de nuestra vida.

Es tecnología evolutiva avanzada, es una herramienta altamente sofisticada, cuya utilización necesitamos educar y poner al servicio del usuario humano. Es una facultad esencial de la vida humana.

La disociación está presente en todos los actos cotidianos; no es, por tanto, ni buena ni mala. Su calidad depende de si la empleamos conscientemente o de si somos utilizados por ella. La disociación imprevisible amplifica o desproporciona lo mejor y lo peor que hay en uno.

Es decir, el hecho de estar más o menos disociado no es, en sí mismo, garantía de que estemos en plenitud de nuestras facultades, ni en una sintonía óptima multidimensional.

Los vínculos multidimensionales que se establecen a partir de la disociación dependerán mucho de la calidad de cada individuo, de su intención, sus tendencias, su equilibrio emocional y la coherencia mental que aplica en su vida.

La disociación es un amplificador de posibilidades.

Venimos con este equipamiento de origen y el hecho de desaprovecharlo, temerlo, negarlo o de coquetear imprudentemente con él, a partir de rituales, brebajes y viejos enfoques del pasado, no exime de su influencia ni de sus consecuencias. En mi primer libro, «La Muerte Lúcida», dedico todo un capítulo al desarrollo en profundidad de los estados disociados de conciencia.

> La disociación es la base para la inspiración, la creatividad
> y la genialidad, pues abre las puertas del mundo visionario,
> intuitivo y sabio que la conciencia ya trae de su evolución
> eterna y de su comunicación multidimensional.

«La imaginación es más importante que el conocimiento» nos decía Einstein. Y, sin embargo, todavía observamos que se demonizan la fantasía, la invención y la creatividad en lo cotidiano, y que los adultos han aprendido a dudar de esas facultades, a reprimirlas, como si imaginar no fuera válido, no fuera real. Esta riqueza disociativa no se valora suficientemente, crea recelo, envidia, y hace que muchos creativos terminen siendo etiquetados de fantasiosos, de raros y hasta de locos; que terminen dudando de sí mismos y no desarrollen esas magníficas cualidades.

> Imaginar es una forma de saber; es como una antena desplegada
> para captar lo nuevo y disponible en las realidades más sutiles,
> de manera que pueda ser materializado en la Tierra.

Además, el camino creador es de gran ayuda para la humanidad, al dejar abierta la brecha para que otros puedan pensar e inspirarse.

TRASTORNOS MENORES DERIVADOS DE LA DISOCIACIÓN

La disociación que no ha sido educada ni comprendida acarrea trastornos menores con los que la persona tiene que convivir forzosamente, como si fueran características fastidiosas de su personalidad, trastornos sin fundamento médico alguno, ni causa orgánica, ni explicación aparente. Por ejemplo, y entre otros: ser muy distraído o desmemoriado, vivir en las nubes, perderse con facilidad, tener una mala orientación o mala lateralidad, o sufrir sensaciones de mareo o ingravidez. La dificultad para sostener la atención, la concentración o la orientación en el espacio-tiempo, la imposibilidad de traer a la mente los datos que uno requiere, quedarse a menudo con la mente en blanco…, todo ello procede de la disociación.

Cualquiera de estos trastornos crea altos niveles de inseguridad en la persona, la cual termina creyendo que no es de fiar ni para sí misma, y puede, con el tiempo, derivar en un trastorno mayor. Por ejemplo, una persona que cada vez que se sube al coche se desorienta y se pierde, no es solamente distraída, es algo más. Cuántas personas se han quedado en la vida con la sensación de ser tontas o inútiles para los estudios, cuando, en realidad, han estado viviendo disociadas sin saberlo y sin remedio, y no han podido entrenar mejor su atención ni su memoria. Cuántas personas sensibles terminan desarrollando una tremenda irritabilidad y susceptibilidad ante muchas cosas de la vida, porque no son capaces de establecer una distancia natural ante lo que las lastima o invade del entorno.

Durante la disociación, la atención, la respuesta mental y la coordinación de movimientos se organizan de un modo que varía con respecto a los momentos en los que estamos bien centrados y focalizados en algo en particular.

La disociación nos hace sentir como más flotantes en la vida, los márgenes son más amplios entre los acontecimientos y uno mismo, la percepción de la realidad es más global, como si viéramos a través de un filtro de inteligencia distinto que destaca detalles de las cosas que habitualmente pasan desapercibidos. Cuando entendemos la disociación y podemos combinarla voluntariamente con los estados más habituales de conciencia, ganamos una riqueza de matices en la vida impresionante.

Cuando no, ocurren un sinfín de situaciones como las que acabamos de ver, además de darse esa fastidiosa sensación de estar fuera del cuerpo, desencajados de la realidad y del tiempo, y viendo la vida como observadores no participantes. El cuerpo humano pasa a un segundo plano y dejamos de prestar atención a las señales que nos brinda acerca de los horarios de comidas, la conveniencia de abrigarse porque hace frío, las revisiones médicas y demás detalles que contribuyen a la supervivencia y a la calidad de vida en el cuerpo físico.

El estado ideal combina adecuadamente los estados disociados con los estados focalizados a través de los sentidos. Para ello, necesitamos conocer y educar la disociación, una asignatura todavía pendiente en nuestras culturas puramente materialistas.

Saber cuándo estamos abriendo en exceso nuestro arco disociativo y cerrarlo a voluntad para adaptarlo a las tareas que requieren nuestra atención, y cuándo nos podemos permitir disociarnos sin riesgos para disfrutar de la libertad, la creatividad y sensibilidad de nuestra mente, es un lujo posible al alcance de todos.

LOS ESTADOS DISOCIADOS Y LA ENFERMEDAD MENTAL

La disociación es parte de nuestra vida y genera diversos estados de conciencia que, por explicarlo de una forma sencilla, clarifican o distorsionan la realidad percibida y compartida objetivamente con los demás, al aportar una información inesperada.

Supongamos, por ejemplo, que una persona acude por primera vez a una casa de campo con unos amigos. El lugar es muy bonito, está agradablemente decorado y no presenta, en general, nada que pueda causar incomodidad. Sin embargo, esa persona se siente a disgusto, e incluso le vienen a la mente ideas o imágenes descabelladas de animales degollados, sangre y sufrimiento. En función de su nivel de sensibilidad, la persona podrá sostener esas sensaciones y terminar educadamente la visita o el almuerzo allí previstos, o saldrá huyendo, a riesgo de que la tomen por demente, porque no podrá soportarlo. Lo más probable es que sus amigos no compartan sus sensaciones, visiones o sentimientos respecto del lugar, que para ellos es tan solo una magnífica hacienda restaurada. Ahora bien, si a esta persona le es dado indagar o acceder a comprobaciones de la información registrada durante su disociación, seguramente podrá confirmar que ese lugar fue, en el pasado, el matadero de la zona, el sitio donde se degollaban, desollaban y se daba muerte, en infames condiciones, a cientos de animales, cuyo sufrimiento todavía impregna la energía del lugar.

Un hecho que confirma que estamos disociados es la ocurrencia de fenómenos relacionados, como pueden ser la clarividencia, la clariaudiencia, el déjà-vu, la sincronicidad y las salidas extracorporales, entre otros. Estos fenómenos pueden aprovecharse favorablemente o pueden ser la sintomatología que confirma un diagnóstico psiquiátrico.

En el ejemplo que hemos visto, la persona siente el sufrimiento animal, lo que le provoca una gran sensación de incomodidad, tiene visiones y oye el eco lejano de sonidos desgarradores. Estos son los fenómenos; se perciben a través de la mente, se diría que uno se los está imaginando, se pueden ver imágenes superpuestas sobre objetos físicos o escenas reales, así como oír voces y sonidos, que nadie más oye, con total nitidez.

En el ámbito de un episodio psicótico, la configuración de los hechos es muy similar al ejemplo que he puesto: el acontecimiento también irrumpe inesperadamente en la secuencia temporal de la persona, solo que, en este caso, la intensidad y la virulencia son aterradoras, insostenibles e incontrolables; entre otras cosas, porque la persona accede a memorias de su propio pasado, las cuales se vierten desgarradoramente en su mente, arrastrándola al debilitamiento de su voluntad y de su psique, sin posibilidad de hacer frente en modo alguno a semejante escenario vivencial.

Todos los grandes conflictos emocionales, particularmente los inherentes al trauma nuclear, y en general, cualquier situación que se nos va de las manos, ocurren en un estado disociado patológico. Este se caracteriza porque la persona corre psíquicamente el riesgo de cruzar el umbral de no retorno; siempre que, en tiempo real, se pierden las riendas de una situación, no se puede mantener el control de lo que está pasando, aunque se esté moviendo mucha intensidad energética, ni se puede pensar con claridad sobre lo que sucede, estamos abriendo la puerta del abismo.

La enfermedad es una forma extrema de ir tomando conciencia del material residual que cada uno trae a la vida humana. Cuando el conflicto se ha somatizado y ha pasado al cuerpo, se organiza como enfermedad para su resolución. Según el trauma nuclear de cada uno y la particular predisposición a liberar el conflicto, dicha enfermedad puede continuar apareciendo a lo largo de los tiempos.

> Entendamos como enfermedad la «versión celular» del conflicto de la conciencia.

Por tanto, una persona que desarrolla un trastorno mental o cualquier dolencia orgánica no se enfrenta a ello por primera vez en esta vida; digamos que su forma de reencontrarse con el conflicto y de intentar superarlo es a través de la puesta en marcha de mecanismos de somatización que le son familiares, aunque en cada vida parezca que es la primera vez.

En el caso del trastorno mental como mecanismo de expresión residual del conflicto de una conciencia, este también se va repitiendo en el tiempo, con un grado de manifestación que nos dará pistas sobre la fase de recuperación del trauma nuclear (recuérdese lo visto en el primer capítulo).

Así, por ejemplo, si la persona se encuentra en la fase de purga, la intensidad y el dramatismo de los episodios vendrán caracterizados por la enorme dificultad para salir de la situación, como si se diera una especie de determinismo que obligara a la persona a quedar inmersa en ese nivel de experiencia. Si, en cambio, la persona está en la fase de autoaplicación, la visión acerca de sí misma será más amplia; por otra parte, aunque no haya un trastorno mental diagnosticado, sí puede darse una forma de vida desconectada de la realidad objetiva, donde el miedo a enloquecer constituya una salida o una justificación de otros temores más compactos en el mundo mental de la persona.

> La enfermedad mental es un gran escondite
> para la conciencia que se resiste a cambiar.

La llamada «enfermedad mental» viene acompañando al hombre desde sus orígenes, mostrando el grado de desajuste que siempre ha existido entre la percepción de la realidad multidimensional que manifiesta el paciente y la resistencia por parte de las diversas culturas en la historia de la humanidad a aceptar el acoso y la manipulación psíquica y patológica procedente de los mundos inmateriales.

> A lo largo de los tiempos, el enfermo mental ha pagado la
> factura del miedo y la negación por parte de la humanidad
> ante el lado oscuro y residual de la realidad trascendente.

En el tratamiento de la locura no se ha tenido nunca en cuenta el componente evolutivo y multidimensional de la conciencia, de tal modo que, mientras que en el pasado el loco era temido y apartado del mundo sin remedio de curación, en el presente, y gracias al advenimiento de los antipsicóticos, el tratamiento queda relegado a protocolos farmacológicos que tampoco curan, y que siguen sin ayudar a la persona y a su entorno a comprender lo que le está pasando; el loco es ahora menos temido, pero sigue apartado de la comprensión de lo que le ocurre.

Todo proceso de curación se inicia cuando la persona entiende lo que le sucede y puede comprometerse con ello. Además, es más efectivo si el paciente se siente comprendido y acompañado por su entorno asistencial.

En el caso de las enfermedades mentales, esto no ocurre. Los profesionales no solo desconocen las causas, sino que no quieren saber nada de la realidad multidimensional de la conciencia, tal vez porque ello les asusta más de lo que están dispuestos a admitir.

> Y no se puede curar lo que no se acepta.

Recordemos que el miedo a la locura es uno de los miedos ancestrales del hombre, y que gravita inconscientemente en torno a la profesión psiquiátrica. Es más fácil diagnosticar un trastorno psicótico, administrar la medicación correspondiente para bloquear los síntomas y tener poco o nada que decir al paciente y a la familia, que investigar en la naturaleza sensible, psíquica y multidimensional de la conciencia humana.

Considerada desde un enfoque evolutivo de la salud, la enfermedad mental no es tal enfermedad, sino un proceso disociativo que irrumpe en la vida actual de la persona, trayendo al presente acontecimientos terribles y no resueltos de su pasado existencial, y abriendo memorias anteriores que vive con crudeza, escarnio, violencia psíquica y las peores amenazas afectivas y físicas que se puedan imaginar.

Durante la vivencia de un episodio psicótico, la medicación actúa para bloquear los síntomas, cerrar la disociación y encajar a la persona de nuevo en la realidad compartida. Pero, después, ¿qué se hace con lo experimentado?, ¿cómo asimila la persona esas vivencias?, ¿le basta con el diagnóstico psiquiátrico?, ¿le basta con admitir que son locuras producidas por la enfermedad?

Dado que la enfermedad mental acompaña al ser humano desde siempre y que nunca ha sido resuelta, parece que es tiempo de encararla a partir de su naturaleza trascendente.

Es tiempo de instaurar una sanidad mundial educada y formada para asumir la perspectiva multidimensional y multiexistencial de la patología mental, buscando la sanación de esta problemática ancestral del ser humano en el contexto que le es propio, es decir, desde la visión trascendente de la evolución de la conciencia. Es una nueva responsabilidad que nos toca asumir, con el fin de desmantelar definitivamente la vibración de sufrimiento en el planeta Tierra, dado que no hay sufrimiento peor que la locura.

LA PATOLOGÍA INMATERIAL Y LAS INTERFERENCIAS MULTIDIMENSIONALES

La enfermedad no se manifiesta únicamente en la Tierra; tampoco es exclusiva de nuestro planeta la malignidad, en tanto que actuación severa y sostenida por la ciega y férrea permanencia del ser en la polaridad del mal. Ambas se trasladan con la conciencia al periodo post mórtem, donde se recrean durante eternidades en bandas vibracionales densas que concentran la patología residual de la humanidad en una especie de patético extrarradio planetario.

La continuidad existencial es un planteamiento del paradigma de la EVOLUCIÓN CONSCIENTE© porque solo hay vida en el universo; por tanto, la muerte no existe y nadie cambia ni se transforma en lo que no es por el hecho de morirse. Esto significa que somos herederos de nosotros mismos en cada renacimiento humano y que en el momento de abandonar la vida terrenal nos llevamos lo que no pudimos resolver.

Así, un gran número de poblaciones inmateriales enfermas y degradadas evolutivamente por haber muerto infinidad de veces sin haber resuelto sus males, permanecen merodeando con avidez en la periferia humana, buscando la ocasión de seguir recreando su drama. Esa oportunidad se la brindamos ingenua e inconscientemente desde aquí. Nos atraemos por afinidad en la salud y en la enfermedad, y terminamos siendo responsables, sin saberlo, de la patología que movilizamos entre dimensiones.

Estas poblaciones gravitan en torno al planeta interfiriendo en los puntos débiles de la humanidad, amplificando las peores tendencias y disposiciones ocultas del individuo, y, también, actuando sobre lo más crítico y denso a nivel de las instituciones y de la gerencia de la vida social. Una gran mayoría de las tragedias que ocurren en la vida humana está auspiciada por la malignidad, cual mano negra siempre al acecho para detonar el caos, la incertidumbre y la calamidad.

Se trata de poblaciones que no han sanado sus dificultades, que continúan viviendo en su pasado traumático durante el periodo post mórtem, permaneciendo muy ligadas al transcurrir humano, ávidas de provocar en sus víctimas la misma patología emocional que las atormenta. No solo aprovechan nuestras peores disposiciones, sino también nuestros mejores sentimientos. Provocan suicidios y criminalidad, arrastran al humano que se presta a sus inclinaciones más bajas o perversas, y dominan un panorama psicópata y criminal mediante el miedo y el sometimiento de las voluntades. Trasladan y provocan en la población humana la expresión de su sufrimiento eterno, del que les es muy difícil escapar. Sin embargo, solo poseen el poder energético que les damos al someternos indefensos a su presión.

Es tiempo de empezar a admitir esta realidad multidimensional desde una nueva madurez y una nueva responsabilidad, sin miedo ni alarmismo, para poner en marcha consciente y masivamente los dispositivos que ya existen para transformar esta periferia de patología terrestre, que alimenta el miedo y el sufrimiento de la humanidad, retrasando y bloqueando su despertar.

El llamado «cambio de conciencia» supone ese nivel de conocimiento y experiencia de las cosas, asumir ese techo inmaterial para poder transformarlo y abrir las fronteras energéticas de la Tierra a las poblaciones más evolucionadas que ya vislumbran la posibilidad de convivir más cerca de nosotros.

> A la humanidad le ha llegado el tiempo de elegir a sus compañeros de evolución, a sus vecinos planetarios.

Somos seres energéticos y multidimensionales que nos movemos en contextos de energía compartida y estamos equipados para la disociación, es decir, la facultad de movilizar nuestro campo energético y de abrir o cerrar la conexión con otras realidades en evolución. Estamos inevitablemente en sintonía con la vida del Universo. El hecho de vivir ignorantes, escépticos o negados a esta realidad no cambia nada, seguimos siendo seres energéticos y multidimensionales.

El hecho de vivir con miedo, de bloquear las facultades o de jugar ingenuamente con la energía, a partir de tanta parafernalia desplegada por la denominada «new age», tampoco cambia nada.

El cambio empieza a partir del momento en que la persona está firmemente decidida a ser dueña de su realidad, a conocerse a fondo, a tener claridad sobre lo que ha venido a hacer en el planeta y a proponerse el encuentro con sus colegas de evolución. Esta forma de vida lúcida se traduce en que la persona pierde los miedos, resuelve su trauma nuclear, activa sus talentos innatos, recupera su identidad como conciencia multidimensional, explora las realidades que le son accesibles según su nivel de evolución mediante el dominio consciente de su disociación, empieza a ser feliz y a dejar espacio para que la energía de amar se instale definitivamente en su vida. Por tanto, no estamos hablando de cambiar de religión ni de cultura, de rebelarse contra esto o aquello, de creerse nada, sino de activar lo mejor de uno mismo, sanarse definitivamente, y empezar a vivir con alegría y libertad, siendo de utilidad para la humanidad.

Si admitimos que esto es posible, habremos dado el primer paso para el cambio de conciencia.

CLAVES PARA DETECTAR LAS INTERFERENCIAS PATOLÓGICAS

Toca ahora poner en práctica el saneamiento de las interferencias acechantes que cada uno alimenta, en función del material residual que todavía no ha resuelto. Lo más importante en esta fase es admitir la posibilidad de esta influencia inmaterial y detectar cómo actúa específicamente en uno mismo. Todos los humanos somos susceptibles de padecer interferencias a través de las fisuras abiertas por nuestras emociones desestructuradas. Lo más importante ahora es ser conscientes de ello para empezar a desmantelarlo.

- Lo primero que necesitamos entender es que la base de las interferencias es MENTAL, es decir, que esas poblaciones acechan a través de la mente.

- Las interferencias se inician a partir de ideas insidiosas, rumiantes y obsesivas que provocan malestar interior, desconfianza, recelo hacia personas o proyectos en marcha, y que terminan teniendo el poder de desbaratar una alianza, un plan, una relación.

- Esas ideas, a su vez, suscitan temores, activan aspectos susceptibles del trauma nuclear y buscan el debilitamiento de la voluntad de la persona en la dirección que había planificado, la cual aportaría un rumbo favorable a su vida; abren nuestras fisuras y nuestros peores miedos.

- Producen distracciones, despistes, accidentes, que apartan o impiden oportunidades de vida.

- Cambian inexplicablemente el humor y el ánimo positivo que se tenía hacia las cosas, ensombreciendo el mundo interior y provocando disociaciones patológicas que dejan a la persona indefensa y focalizada en el desastre, la desmotivación, la desgana y todo un cortejo de emociones destructivas. Conviene conocer muy bien cuál es la que se activa habitualmente en uno mismo.

- Quien está bajo la influencia de fuertes interferencias tiende a encapsularse, a encerrarse en sí mismo, a apartarse del mundo y a no ver salida en su vida, rechazando al mismo tiempo toda ayuda; de este modo, queda a merced de sus acechadores.

- Estos acuden siempre a paralizar el cambio y la transformación, ya que, si nosotros cambiamos, ellos se quedan sin sustento energético.

- Su actuación puede llegar a ser muy sutil y filtrarse a través de nuestros mejores sentimientos. También a través de personas de buena voluntad, pero poco lúcidas, que ejercen de «embajadoras».

- También actúan durante el periodo nocturno, aprovechando que la persona está más debilitada porque carece de educación y entrenamiento para las salidas extracorporales y vive esa realidad como sueños, ensoñaciones y mundos irreales.

A propósito de las interferencias nocturnas, son muchos los afectados, muchos más de lo que podamos imaginar. La intensidad de las experiencias que transcurren durante el sueño, la crudeza de las pesadillas, el acoso psíquico, la tortura y violación a que se ven sometidas miles de personas a lo largo de la noche también termina despertándolas (nunca mejor dicho), de una forma dramática, sí, pero que no deja lugar a dudas, al planteamiento de la existencia de otra realidad incontestable.

El drama añadido surge cuando no se pueden compartir estas experiencias terroríficas con nadie, por miedo a ser tratados de locos o medicados sin remedio, sin solución real de cara a estas vivencias.

Este es a menudo el padecimiento de tantos niños sensibles que perciben indefensos esa interferencia operativa en el medio familiar, pero que, al ser los únicos en detectarla, sin poder compartirla, la sufren durante largos años de infancia y adolescencia, incapaces de dormir solos y a oscuras, y propensos a despertarse en medio de terrores nocturnos.

Son numerosos los relatos escalofriantes que he escuchado a lo largo de años de consulta que confirman la realidad de lo que estoy compartiendo. Lo destacable de estos hechos es que proceden de personas totalmente saludables psicológicamente, que se abrían por primera a vez a la posibilidad de ordenar lo que habían vivido durante tantos años. Al ofrecerles un contexto esclarecedor y exento de juicio, podían comprender y ser comprendidas en esa parte esencial de su intimidad. Lo maravilloso y sorprendente del ser humano es cómo puede llegar intuitivamente a poner soluciones a los dramas de la vida.

> Felicito y honro desde aquí a tantas personas conocidas y desconocidas que hallaron la manera de sobrevivir en la más absoluta soledad al acoso de esas invasiones patológicas, manteniendo su cordura y extrayendo un gran conocimiento de todo ese periodo de sus vidas.

La influencia contaminante y corrosiva de estas poblaciones inmateriales se observa igualmente en el nivel social de la vida planetaria: accidentes, criminalidad, terrorismo, mafias, guerras y bloqueo de proyectos que ayudarían al despertar masivo de la humanidad.

En esos planos también tienen su nivel de organización, consistente en la movilización y el sometimiento de masas de dormidos y malintencionados post mórtem que son manipulados, cual zombis, por otros algo más despiertos, en una especie de escalafón patético que solo crece en niveles de odio y de sufrimiento. Su cota de éxito se mantiene en la medida en que cuentan en la Tierra con grupos humanos que incentivan, cuando no son los cabecillas encargados de mantener vigente, el odio, la violencia, la codicia y el desamor. También conviene observar cómo se manifiestan estas interferencias en el entorno social de cada uno:

- Podemos padecer interferencias procedentes del entorno laboral, por la naturaleza de la profesión en sí, los proyectos en los que estemos implicados o ciertos compañeros de trabajo. Si comprobamos que fuera del ambiente profesional o durante las vacaciones las cosas mejoran, habremos dado con una buena clave.

- Podemos tener temporadas en que estamos más afectados que otras; en ese caso, hay que estudiar qué es lo que se está activando en nuestra vida en ese momento y estar dispuestos a resolverlo.

- Determinadas compañías sexuales o prácticas de tipo sexual atraen interferencias; otro tanto ocurre con el mundo de las drogodependencias y adicciones. En general, toda práctica que acarree el sometimiento de la voluntad está inspirada o sostenida por la patología multidimensional. Estas poblaciones enfermas sostienen las peores dependencias, consumiendo así nuestra energía vital.

- Hay personas que, excepcionalmente, ya nacen con un acoso permanente y a las que les va a resultar más complicado tomar conciencia de esa realidad, debido al grado de acomodación que tienen a la propia patología multiexistencial.

- La familia nuclear también podría ser un foco de acoso a través de algún miembro en particular, o de un contexto rígido y oscuro.

Aprovecho para recordar que la familia es uno de los principales grupos del pasado y el primero en aparecer en nuestra vida, porque es la forma que todavía tenemos de llegar al planeta. Pero cuántas veces ocurren nuestras peores pesadillas en el ambiente familiar. La familia sigue siendo, al día de hoy, según criterios de la Sociología, la unidad social que concentra el máximo de violencia.

> Sobrevivir a la familia con éxito es un rasgo
> de madurez evolutiva.
> Observar a la propia familia ya es una
> gran experiencia regresiva.

Es muy importante hacer un buen balance del entorno familiar lo más tempranamente posible, para alimentar vínculos saludables con los miembros de la familia en base a las simpatías y afinidades, y no tanto a las desavenencias.

Para ello, hay que establecer claramente la fuente de la patología familiar, el trauma nuclear que nos vincula como grupo, quién encarna la máxima expresión de esos niveles de desajuste y cómo resuenan en uno, para no entrar al trapo de provocaciones repetitivas, siempre las mismas, provengan estas de una madre, un hijo o una hermana. La familia terrenal no siempre es familia cósmica.

> El problema del trabajo con la familia son la cercanía y el cariño,
> factores que no podemos permitir que nublen nuestra lucidez.
> El amor siempre está cerca de la lucidez de la conciencia.

Conviene observar y estar muy atentos para no participar en los temas y discusiones que activan sin finalidad alguna la disfunción en la familia: política, celos, gestión del patrimonio... Así mismo, hay que mostrarse vigilantes en esos momentos puntuales donde todo suele saltar por los aires, como la cena de Navidad, por ejemplo.

Este entrenamiento es importante, sobre todo, para mantener la calma y ampliar la comprensión acerca de las relaciones, de manera que podamos gestionarlas sin culpas, penas, victimismos o resentimientos en el seno familiar. Recordemos que un padre ha podido ser un personaje muy difícil de nuestro pasado con el que estamos intentando, en esta vida, una mejoría o una reconciliación.

> Averiguar el nexo emocional que vincula los tipos de
> trauma nuclear convergentes en la familia, y por cuyo lazo
> ancestral todavía permanecemos mal unidos, es un trabajo
> amoroso imprescindible con el grupo familiar.

Otros encuentros con el pasado que activan la patología no resuelta y por donde se filtran las interferencias son:

- Colegios, internados, amistades, socios, vecinos, amores y grupos de pertenencia, los cuales suelen ser, por lo general, una buena convocatoria de la gente del pasado.

- También, aquellos ambientes donde se recrean nuestras viejas tendencias revestidas de actualidad, como: actividades culturales, deportivas y artísticas, lenguas y países arcanos, grupos religiosos, sectas, grupos de meditación o espiritualidad, y, cómo no, la creación de la propia familia.

Mientras no se recupera la lucidez, todo es pasado.

POSTURA PERSONAL ANTE LAS INTERFERENCIAS

- El primer paso para iniciar este trabajo es ser **plenamente consciente** de todo esto.

  No alimentar dudas respecto de esta realidad y querer firmemente terminar con ello.

- El segundo paso es **tener educación multidimensional para poder encarar el trabajo con convicción y sin miedo.**

  No caben ya aquí ni remedios caseros, ni superstición, ni creencias ni espiritualismos.

- El tercer paso es el **conocimiento sincero de las propias fisuras y la firme decisión de sellarlas definitivamente con trabajo interior.**

  Los acechadores nos someten aprovechando nuestras debilidades; se hacen fuertes hundiéndonos en nuestra propia miseria; se nutren de nuestro miedo e infortunio; necesitan vernos acorralados en nuestro propio sufrimiento… Hasta que digamos ¡basta!

- El cuarto paso es el trabajo energético firme y sostenido en el tiempo, desde los parámetros de la ética.

Este trabajo se hace desde el amor que uno se tiene a sí mismo; con dominio y perseverancia, sin prisa, con alegría, y disfrutando de los logros; entendiendo que esto no es una batalla contra nadie, sino que se trata de sanarse y, tal vez, desde nuestra sanación, contribuir a que esas poblaciones al acecho también se sanen si quieren o, si no, al menos, queden incapacitadas para seguir molestando. La sanación definitiva cambia el nivel vibracional y, a partir de ahí, nadie se puede acercar para interferir.

5. EL FINAL DE LA ERA
DEL SUFRIMIENTO EN LA TIERRA

El final del sufrimiento marcará una nueva era de vida en la Tierra: será el comienzo de la vida lúcida. Una forma de vida hasta ahora desconocida en el planeta, pues en el pasado se dio prioridad a la polaridad vibracional que requería abrir brecha en la materia para que, con el tiempo, pudiera instalarse definitivamente la energía de amar.

Por eso, incluso a nivel de nuestros registros más remotos (epopeyas, leyendas y cuentos del imaginario popular), cuesta idear una vida continua entre humanos en plenitud, equilibrio y hermandad, libre, divertida y creativa. Nuestras historias fantásticas transcurren siempre a lo largo de episodios que relatan el sinfín de dificultades que el héroe o la heroína tienen que superar antes de poder ser felices, y ahí se acaba el cuento.

No tenemos relatos que se inicien en una vida ya feliz ni que nos adentren en escenarios asombrosos en cuyo pasado remoto, que ya nadie recuerda, se haga referencia a una época donde, al parecer, ocurrían cosas terribles e imposibles de imaginar en ese presente. No tenemos registro de la existencia feliz en la Tierra porque es lo que nos toca crear ahora. Crear y actuar desde el sentir supone hacerlo sin memorias y con un grado nuevo de confianza, de creación pura en el presente continuo. Esta es la máxima autenticidad.

Esa nueva forma de vida la crearemos con la aportación de las generaciones de reemplazo que ya están llegando a la Tierra y que llegarán masivamente cuando todo esté más preparado para su acogida y se hayan desmantelado las vibraciones del miedo y del sufrimiento. Esto se logrará gracias a la contribución de todos los que conscientemente ya estamos creando esas redes de recepción; esa es la parte fundamental del proyecto que nos trajo de vuelta al planeta en esta vida.

Hemos de confiar plenamente en este devenir, que ya está servido para nosotros en dimensiones sutiles avanzadas y que solo hay que materializar. Hemos de poder sostener el desmantelamiento de todo lo que requiere ser desintegrado porque no puede acompañar vibracionalmente la nueva era lúcida. Sostener con madurez y comprensión la caída de los sistemas caducos y desgastados, incluida la caída de los que se aferrarán en seguir pintando panoramas catastróficos, incapaces de cambiar y de soltar sus reinados de terror ya moribundos, incapaces de contemplar la posibilidad de vivir generando riqueza sin codicia, abundancia sin peaje, vida sin muerte, sin guerra, sin los viejos mecanismos de sometimiento de las mentes.

Hemos de sostener la fuerza de la verdad en medio del panorama de debacle de los que no hicieron su trabajo interior, resistiéndose e intentando arrastrar en su caída a todo el que se prestara.

Por fortuna, ya aprendimos que para ampliar el poder personal es imperativo tomar distancia con respecto a la densidad.

> Tenemos por delante un tiempo para poner a prueba
> la bondad de nuestras convicciones, nuestro trabajo interior
> y nuestra transformación real, en la sabiduría de que
> nada puede ya herir un corazón que se ha sanado.

Las generaciones que nos hallamos en la Tierra vinimos con la energía experimental de muchas vidas pasadas aquí mismo, en el fragor y la forja de una vibración que iba a ser requerida ahora, en esta fase definitiva del paso a otra realidad. Disponemos de la vibración que puede hacer de puente entre el pasado y el devenir de la humanidad, tenemos la solidez para sostener las vibraciones de derrumbe y caída de lo viejo, además de la fuerza sensible, la ternura y la amorosidad para entender que todo es para bien y que no habrá nada que lamentar.

Estamos trabajando multidimensionalmente para crear las redes que permitirán acceder a los puestos de poder a las conciencias lúcidas que están llegando para ello; estamos trabajando para que las masas sean capaces de reconocerlas y de seguirlas; para que pueda culminar el plan de las transformaciones masivas en la Tierra; y para que todo esto pueda hacerse en plazos de tiempo humano relativamente cortos.

Las masas necesitan reconocer lo nuevo y lo que va a ser benéfico para todos, superando la desconfianza adquirida a fuerza de haber estado embotadas por el sufrimiento y el engaño milenarios.

Hemos de estar preparados para las transformaciones masivas que, en un momento dado, y por un suceso de naturaleza imprevisible e inesperada, empezarán a ocurrir maravillosamente sobre la faz de la Tierra; en ese entonces, cada uno estará listo para ocupar su lugar y llevar adelante su parte del plan. Todo lo que ahora algunos vislumbramos como futuro en nuestra vida y en la vida en la Tierra es solo el presente que ya estamos elaborando multidimensionalmente.

> Si somos capaces de verlo, ya podemos hacerlo,
> porque ya está hecho en la realidad sutil.

Nuestras memorias están todavía rebajadas en intensidad, hasta que sea el momento de activarlas. No recordarlo todo nos preserva, en estos tiempos de derrumbe, de no caer en impaciencias, precipitaciones o desaliento, mientras seguimos madurando la capacidad de desprendimiento del sufrimiento propio o ajeno.

Los grandes dispositivos de trabajo multidimensional, encaminados al aislamiento de las poblaciones densas de la periferia planetaria y organizados para impedir que sigan hostigando a la humanidad, están dando sus frutos. La malignidad ya no tiene refuerzos.

Gracias a la labor realizada mediante las evacuaciones masivas de fallecidos que habían permanecido durante milenios pegados a sus residuos mentales en las proximidades planetarias, manteniendo un techo de dolor y desaliento sobre la faz de la Tierra (ver el desarrollo de este trabajo en mi tercer libro, «El Poder de la Tierra»), esos espacios han quedado liberados y disponibles para otros fines evolutivos.

Junto con los evacuados que estaban dispuestos a irse para reciclarse, recuperar su lucidez en otras dimensiones más saludables organizadas para ellos y poder volver a la Tierra regenerados y dispuestos a sanar definitivamente sus temas, también está teniendo la oportunidad de hacerlo buena parte de las poblaciones más densas, patológicas y malignas de la periferia terrestre.

Por otra parte, dado que el que no se quiere ir no se va, también se planteó la necesidad de crear y sostener cinturones energéticos que aislaran a la humanidad de esa influencia enferma.

En los últimos años, el trabajo ha consistido en mantener agrupadas y en aislamiento a buen número de estas poblaciones para que, al no poder saciarse energéticamente con el subproducto humano, se encuentren perdidas y desabastecidas, necesiten de pedir ayuda y puedan ser evacuadas de las zonas fronterizas de influencia hacia dimensiones de rehabilitación.

> El trabajo de las transformaciones masivas en la Tierra va a ir dándose en paralelo con el aislamiento de las poblaciones densas de la periferia multidimensional, gracias al cese de semejante nivel de influencia demencial entre unos y otros.

En tiempos de tanto ruido energético, mediático y emocional que enajena las mentes, la ocasión que se nos brinda es inmejorable para sostener la vibración del gran silencio y estar en el corazón.

> La comunicación desde el corazón tiene lugar
> mediante el silencio.

La vibración del silencio, que participa de la energía de amar, ayuda a mantener a raya la patología humana y multidimensional, ejerciendo ese efecto de sedación que se requiere para que se serenen los espíritus enfermos.

La energía de amar pronto empezará a ser operativa en muchos de nosotros, por primera vez, a través del cuerpo humano, reciclado y resurgido de sus cenizas de sabiduría, para dar testimonio de que se puede vivir en el amor lúcido, porque uno se ha sanado, ha extraído conocimiento de su pasado y ha integrado por fin sus polaridades.

La vida lúcida se caracteriza porque todo lo que hacemos produce satisfacción, resulta creativo y enriquece cada uno de nuestros días con asombro, candor, aventura y libertad.

Paloma Cabadas
Madrid, diciembre 2012

Paloma Cabadas
Madrid, 1953.

Es una investigadora independiente en el campo de la evolución y el desarrollo de la conciencia lúcida, estados disociados y dominio consciente de la energía. Es autora del Programa Evolución Consciente©, del Máster Evolución de la Conciencia© y del proyecto formativo para empresas Conscious Evolution Program©, solicitados por universidades y empresas de diversos países.

Como referente internacional en el ámbito de la evolución de la conciencia multidimensional, Paloma Cabadas lleva desde 1994 impartiendo seminarios y conferencias en distintos países del mundo, basándose en los resultados de su propia investigación, compartiendo y contrastando sus datos con investigadores y asistentes a sus cursos.

Psicóloga de formación por la Universidad Complutense de Madrid, es además educadora infantil y ha publicado desde 2004 cuatro libros: *La Muerte Lúcida, La Energía de Amar, El Poder de la Tierra* y *El Trauma Nuclear de la Conciencia*.

Apoyada por los resultados definitivos de su trabajo a través del Programa Educativo y de su dilatada actividad como terapeuta, ha desarrollado una metodología de trabajo destinada a la erradicación definitiva del sufrimiento en la vida del ser humano que está plasmada en su cuarto libro, *El Trauma Nuclear de la Conciencia*, donde desgrana las claves para comprender las razones del sufrimiento y las formas de sanarlo para siempre.

A finales de 2013 funda la «Asociación Española para la Evolución de la Conciencia Paloma Cabadas» para anclar y divulgar esta metodología de trabajo y conocimiento.

CONSIGUE SU OBRA COMPLETA EN
www.palomacabadas.com/tienda